普通高等学校“十四五”规划艺术设计类专业案例式系列教材
校企双元合作开发“互联网＋教育”新形态一体化系列教材

新媒体文案创作与传播

主　编　乌彦巍　刘春梅　赵燕妮
副主编　孙树旺　马阿日娜　李尚佳

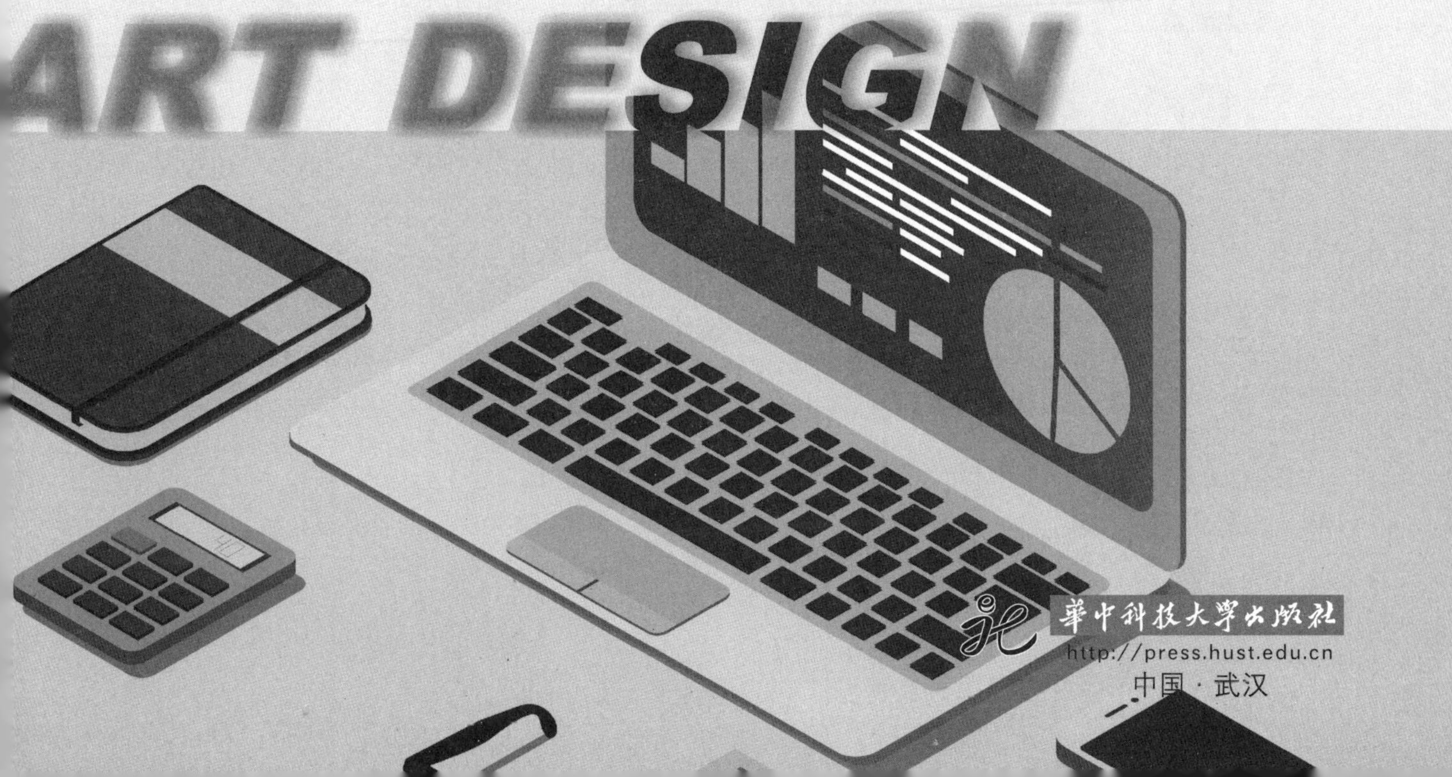

華中科技大學出版社
http://press.hust.edu.cn
中国·武汉

内容简介

本书主要介绍新媒体文案创作与传播的内容。本书主要内容涉及新媒体文案概述、新媒体文案的创作准备、写作技巧、写作方法，以及不同媒体平台的文案写作，最后一章为新媒体文案的创作与传播案例，力争为读者呈现系统、完整的新媒体文案创作与传播知识。

图书在版编目（CIP）数据

新媒体文案创作与传播 / 乌彦巍，刘春梅，赵燕妮主编. — 武汉：华中科技大学出版社，2024.1

ISBN 978-7-5772-0453-6

Ⅰ. ①新… Ⅱ. ①乌… ②刘… ③赵… Ⅲ. ①传播媒介－研究 Ⅳ. ① G206.2

中国国家版本馆CIP数据核字(2024)第023633号

新媒体文案创作与传播　　乌彦巍　刘春梅　赵燕妮　主编

Xinmeiti Wen'an Chuangzuo yu Chuanbo

策划编辑：金　紫

责任编辑：周怡露

封面设计：原色设计

责任校对：李　弋

责任监印：朱　玢

出版发行：华中科技大学出版社（中国·武汉）　电话：（027）81321913

武汉市东湖新技术开发区华工科技园　邮编：430223

录　　排：华中科技大学惠友文印中心

印　　刷：武汉科源印刷设计有限公司

开　　本：889mm×1194mm　1/16

印　　张：10.5

字　　数：230 千字

版　　次：2024 年 1 月第 1 版第 1 次印刷

定　　价：45.00 元

华中出版

前言

Preface

随着互联网的发展和通信技术的进步，新媒体如雨后春笋般涌现，遍及社会各行业、各领域，出现了微博、微信、抖音、快手、小红书、知乎等新型信息传播平台。新媒体突破了传统媒体的时空限制，深刻影响了社会政治、经济、文化、娱乐等领域，改变了人们的思维、社交方式、习惯等，同时也改变了舆论的生成方式和传播方式。

新媒体的崛起催生了一系列新的工作岗位。各大招聘网站的数据表明，文案创作岗位、短视频岗位、直播岗位正处于快速成长期。各企业纷纷借助新媒体平台，通过文案、短视频、直播等各种形式进行品牌推广和产品销售，如淘宝、京东等也先后开启了直播带货模式。短视频运营、直播运营等均离不开新媒体文案创作。文案是新媒体运营的基础，产品介绍需要文案，宣传推广需要文案，视频需要文案，直播也需要文案。但目前新媒体文案创作的岗位存在薪资待遇较高但人才短缺的现象。本书将从文案创作和传播的角度，阐述新媒体文案具体的写作方法以及传播途径、传播价值。

一个好的文案标题可以获得较高的阅读量。标题是文案的主旨，是文案内容的高度概括，其主要作用是吸引用户的注意力，使用户对文案内容产生兴趣，进而阅读文案全文。文案开头的重要性仅次于标题。一个精彩的文案开头能够吸引用户阅读文案正文。好的开头可以说是文案成功的一半。正文是新媒体文案的主体，是对文案标题的拓展，是对文案核心内容的详细阐述。正文由文字、声音、视频、语音等要素组成。一篇优秀的新媒体文案，除了需要好的标题、开头以及正文，也同样需要一个符合读者需求的结尾。

本书在编写过程中，结合新媒体文案创作岗位的需求，本着内容全面、案例新颖、理实结合的原则进行创作，内容涵盖新媒体文案创作的前期准备工作、创作过程、创作后的传播过程等，知识讲解细致、全面。本书还选取了当下各新媒体平台中的典型文案作为参考，具有一定的借鉴价值，同时将理论结合实践，设置了实训任务，以深化大家对知识的理解。

本书由乌彦巍、刘春梅、赵燕妮担任主编，孙树旺、马阿日娜、李尚佳担任副主编。刘春梅负责第一章至第三章的写作，乌彦巍负责第四章和第五章的写作，赵燕妮负责第六章、第七章的写作，孙树旺、马阿日娜、李尚佳负责案例和实训部分的写作。

由于时间仓促，本书存在一些不足之处，请广大读者批评指正。

目录

Contents

第一章

新媒体文案概述

学习目标

了解新媒体文案的基础知识、新媒体文案岗位及职业素养。

1.1 认识新媒体文案

1.1.1 新媒体文案的概念

“媒体”一词是拉丁语“Medius”的音译，也常被翻译为“媒介”。新媒体是相对于传统媒体而言的，传统媒体主要包括广播、报纸、电视等传播媒体，而新媒体主要是指数字化的媒体形式，包括数字化的传统媒体、网络媒体、移动端媒体、数字电视、数字报刊等。随着新媒体的出现，新媒体的概念、内涵及其承载的主要形式，也发生了具体的变化。新媒体文案主要是指文案创作者利用网络媒体社交平台，输出有创意性的内容，以帮助商家或者企业实现营销目标。

我国的新媒体文案载体也在发生变化。从2000年前后的门户网站开始，后来发展出博客、论坛、微博、微信公众号及短视频等。

文案既是广告的一种表现形式，也是一种职业名称。文案来自广告行业，它的全称叫做广告文案。文案是指广告作品的全部，包括广告的语言、文字、图片、创意等。狭义的广告文案仅指广告作品中的语言文字，如广告的标题、副标题、广告语、活动主题文字等。文案作为一种职业，是指对信息进行创意设计的工作人员，他们使信息更容易被理解、被记住、被发现，使信息得以广泛传播。

课堂讨论

举例说明什么是新媒体文案？

1.1.2 新媒体文案的特点

1. 输出节奏快

传统文案需要精心策划，严格审核，一般制作周期长，内容缺乏灵活性，不够贴近生活，时效性也相对较差。而新媒体文案的特点主要是节奏快，能很好地满足消费者快速获取信息的需求。新媒体文案能够结合社会热点，在短时间内吸引消费者的注意力。当大家都关注社会热点时，新媒体文案就借助这股热潮，传播产品与热点相契合的内容，最终达到营销的目的。快节奏的新媒体文案比较有挑战性，能够快速满足消费者的好奇心，能广泛地传播产品的信息，能更快地让消费者接受和进行传递转化。但新媒体文案也会产生一些不良的效果，如有时不能全面、客观地反映产品的特点。

2. 传播载体多

新媒体文案的传播载体多。传统文案在传播的过程中，主要依靠报纸、杂志、电视、广播等有限的传播渠道，速度也不快。而新媒体文案则有着广泛的传播载体，比如微信公众号、微博、朋友圈、QQ 空间、抖音、快手等，而且不同的消费者会使用不同的载体，比如年龄大的消费者一般会比较喜欢用抖音、快手，年轻的消费者则比较喜欢用朋友圈、微信公众号。

3. 互动性强

传统文案在传播过程中基本没有互动性。消费者或读者主要是接受者，而创作者只是传播者，一个被动地接受，一个主动地传播，彼此之间没有更多的互动。而新媒体文案更重视文案的互动性、趣味性、话题性，尽量让消费者与文案创作者互动，以提高消费者的积极性，吸引消费者的注意，激发消费者的购买欲望。互动还可以进行二次传播，比如评论、转发、点赞等。这样的二次传播可以让新媒体的内容被更多的人知道，同时也可以让商家对消费者的需求有更快的回馈和反应，从而实现商家的商业目标。在强烈的互动中，新媒体平台会采集消费者的数据，企业通过对数据进行分析，可以更好地了解目标客户，更好地打造产品，并有针对性地推广产品，比如针对婴幼儿母亲会推送专门的母婴用品。

4. 针对性强

许多新媒体文案发布的平台都有粉丝订阅功能。订阅功能其实就是找到产品对应的消费者。因为只有喜欢这类产品的消费者才会订阅，文案创作者可以针对性地满足这类消费者的需求，在创作的时候会更加关注他们的感受。这样，文案创作者不仅是一个文案的输出者，更是一个文案的体验者，让此类型产品的文案有独特的风格和特征，以便更能精准地向消费者推送信息。所以，新媒体文案的创作者不仅是一个输出者，同时也是一个用户，因此能够站在用户的角度思考用户的需求，并逐渐形成适合用户的文案风格。

5. 发布成本低

传统文案发布需要经过写作、审核、排版、印刷、制作、生产等一系列流程，发布成本比较高。而新媒体文案的传播主要依托各种网络媒体和网络载体，其制作过程简单、快捷、方便，发布更加快速。新媒体文案通过网络平台发布，不仅具有时效性，而且有很多生动的图片与视频，画面感强，信息传递具体、形象、有趣，能快速吸引消费者的注意力，满足消费者的审美需求。可见，新媒体文案的发布成本低，但它的缺点就是难以对所发布的信息进行长期保存。

课堂讨论

请你说一说新媒体文案和传统文案各自的优点。

1.1.3 新媒体文案的常见类型

新媒体文案是人们在不同的平台上发布的创意文案，其影响力比较大。文案按照目的可分成销售文案和传播文案。销售文案的直接目的就是销售产品，提升产品的销售业绩。促销活动文案、产品推广文案等都是销售文案。

传播文案主要是对产品、企业或企业人物进行宣传，其目的主要是扩大知名度、美誉度，增加企业在人们心中的影响力。这种文案虽然不能直接销售产品，不能直接产生销售额，但可以塑造企业良好的形象，使企业在人们心中留下良好的印象。比如品牌故事、人物故事等都是常见的传播文案。

文案按长短可分为长篇文案和短篇文案。长篇文案超过 400 字。长篇文案一般通过详细的产品描述，让消费者清晰地了解产品的情况，同时还包括具体的产品销售情况及活动介绍，目的是调动消费者的积极性，让消费者积极购买产品。短篇文案（图 1–1）的文字比较少，多用图片、视频等直接表明产品的特征，以便让消费者快速了解和记住产品突出、鲜明的特征，使消费者在需要的时候能快速想到该产品。

图 1–1　短篇文案

广告文案按推介方式可分为隐藏文案和直接文案。隐藏文案就是具有隐蔽性的文案，它并不直接介绍产品，而是通过其他的方式把产品引出来，让消费者在不经意之间就接受了这个产品的信息。比如，一些文章巧妙地植入产品的广告。在直接文案中，文案创作者直接把产品做成一个广告，然后在公共交通工具上或者公共场所把产品的特征、优势直接展现出来。比如商场广告、电梯广告、楼宇广告等。

课堂讨论

在这些文案类型中，请你挑选出一种自己最喜欢的文案类型。

1.2　了解新媒体文案岗位

1.2.1　新媒体文案岗位的类型

新媒体文案的创作者要通过文字、图片、语音、视频等方式对产品进行宣传和促销，并提升企业的美誉度和知名度，提高消费者对企业的认可度。新媒体文案的创作者需要推出各类营销文案，以便对产品进行全方位的推广。他们一般在新媒体载体上对产品或者企业进行内容策划和写作，对企业各阶段的营销进行策划，能够利用热点事件进行营销。

新媒体文案岗位工作者的发展方向有两类。一类是文案的创作和编辑，即根据企业的品牌和产品撰写相应的文案，并且在新媒体渠道上进行传播。需要注意的是，即使是同样的产品，针对不同的渠道，也要采用不同的写作手法来进行产品的宣传。

另一类是进行新媒体文案的策划运营，其主要工作内容是通过新媒体运营的手段，比如社群营销、直播、短视频分发等方式来推广产品和扩展销售渠道，让文案进行更广泛的传播，并完成最终的营销目标。比如针对企业新产品的发布，需要策划新产品的发布活动，考虑用什么形式去推广产品，用什么样的文案去吸引目标消费者，以达到产品最佳的推广效果，这个过程就叫做文案的策划。

课堂讨论

你更适合从事新媒体文案岗位的两种类型中的哪个岗位？

1.2.2　新媒体文案的岗位职责

新媒体文案的岗位职责包括新媒体渠道的内容策划及写作、企业各阶段营销活动的策划及推广、热点事件的营销跟进，以及其他文案工作。具体分为以下几个方面。

- 为产品或品牌命名。
- 撰写广告口号。
- 撰写产品包装文案。
- 撰写企业样本、品牌样本、产品目录。
- 撰写商店的橱窗广告或店内卖点广告文案。
- 撰写日常宣传单页、宣传册。
- 撰写企业官网文案（包括网站栏目设计）。
- 撰写直邮广告文案，包括设计信封样式、撰写邮件正文等。
- 撰写报纸广告文案、杂志广告文案、海报文案。
- 撰写手机短信广告文案。
- 撰写广播广告文案。
- 撰写电视广告脚本，包括分镜头脚本、旁白、字幕等。
- 撰写电视专题片脚本。
- 撰写电视广告的拍摄清单。
- 撰写线下路演或活动的系列文案。
- 撰写活动请柬及活动现场宣传品文案。

· 撰写各种软文。

· 撰写各种形式的网络广告文案。

· 撰写各种形式的网络短视频和直播脚本。

新媒体文案策划运营的岗位职责如下。

· 独立策划和制作热点专题，提升内容的转化率。

· 根据产品特点，负责针对线上、传统媒体、线下等不同渠道的具体要求，对产品、服务进行推广，组织策划相关宣传活动。

· 负责产品的热点事件营销和活动策划，策划热点传播事件，撰写相关文案。

· 负责推广运营的数据统计分析。

课堂讨论

我们需要提升新媒体文案岗位职责中的哪些能力？

1.3　新媒体文案人员的职业素养

1.3.1　新媒体文案人员的知识学习目标

1. 了解广告

广告是商家销售产品的重要手段，也是人们获得信息的重要来源。广告宣传是对顾客记忆的强化，能提高企业和产品的知名度，能让消费者获取更多的产品知识，理性消费，提高消费质量。广告是市场发展的推动者，也赋予了市场营销一种充满辩证色彩的理论高度。良好的广告可以帮助消费者树立正确的道德观、人生观，提高社会精神文明水平，并且给消费者提供科学的知识。新媒体文案的创作者要了解广告的基本知识，掌握广告活动的基本规律。只有掌握了全面的广告知识，文案工作者在写作的时候才能有目的、有意识地为消费者考虑，才能积极主动地考察消费者的心理，使文案切入消费者内心的真正需求，让产品更好地销售出去。

2. 了解传播

传播指的是两个相互独立的系统之间利用一定的媒介进行有目的性的信息传递活动，它主要包含了三个方面的内容。第一，一定要有明确的对象。明确受众的定位是传播的第一步。当找到明确的对象之后，文案才有针对性，为不同消费者写的文案要采用不同的思路、不同的方法以满足他们的需求。第二，一定要有对应的媒介，也就是传播的载体，包括选择在什么地方进行传播。不同的传播媒体会有不同的写作方式。比如同一个产品的微信文案、抖音文案和淘宝文案，其写作的方式肯定是不一样的，写作要求也不一样。因此，一定要搞清楚传播的媒介是什么，然后再进行文案创作。第三，要弄清楚传播的目的。了解了不同的消费者要求和传播媒介，我们就要选择恰当的写作内容去满足消费者的这些需求。传播的目的主要是推广产品，为企业塑造良好的形象。因此，新媒体文案岗位的工作者还需要学习一些人际传播的知识。

3. 了解消费者的心理

文案写作的目的就是沟通。要沟通，就要设身处地地站在消费者的角度去表达消费者的需求，因此文案工作者要了解消费者的心理。

第一，对待消费者，需要的是真诚。要在文案里为消费者着想，切实解决消费者的问题。第二，对待讲效率的消费者，就要在产品推荐、产品使用、产品便利性等方面下功夫。第三，对待犹豫的消费者，要有耐心。耐心跟着消费者的节奏走，文案里别着急推广产品，要先建立良好的印象和信任感，挖掘这类消费者真正的需求后再对症下药。第四，对待有一定要求的客户，要侧重强调产品的独特性和高品质。第五，对待预算不足的消费者，要讲究产品的实惠和物美价廉，让利给客户。

课堂讨论

你掌握了几个新媒体文案工作人员的知识目标?

1.3.2　新媒体文案人员的能力学习目标

新媒体文案的工作人员除了写作，还涉及文案策划、活动运营等多种角色，所以这个是一个综合性岗位，不仅需要在工作中与客户、领导、设计师、同事进行广泛而深入的沟通，还需要与各种媒体的负责人进行沟通。因此，新媒体文案的工作者不仅需要较强的专业能力，还需要较强的统筹能力、协调能力、沟通能力、解决问题的能力。

1. 写作能力强

新媒体文案岗位的创作者首先要有较强的写作能力。文案的写作一般基于大量的调研数据、消费者形象分析、消费者需求分析。文案写作应有清晰的目的、写作思路和逻辑。文案写作最基本的要求是流畅，遣词造句要有技巧，文案要有独特的风格，能以情动人，能够打动消费者。新媒体文案的创作者应掌握文案的写作技巧，学会写吸引人的标题，学会在文章中进行铺垫，制造悬念，直击消费者的痛点，让消费者感同身受，产生购买欲望。

2. 创新能力强

新媒体文案的创作者要有创作思路，能通过不断地组合、创新，让消费者有耳目一新的感觉，这样才能加深消费者的记忆，增强消费者对产品的辨识度和好感。好的创意能够打动消费者，引发消费者的共鸣。要想有好的创意，文案创作者就要学会积累，要随时随地记录和收集各种信息，在任何时候都要学会把创意片段记录下来，整理出创意库，同时还要不断提升自身审美能力。审美能力是创作的基础。创作者有了审美能力，才能够创作出令消费者赏心悦目的作品，让消费者认同、肯定并最后购买产品。

3. 专业基础好

新媒体文案工作者的学历并没有统一要求，但必须有一定的文字功底和相关的专业知识，包括广告、新闻、市场营销、中文等各领域的知识。文案创作者需要具有大量的知识储备，包括专业知识和写作知识。其中专业知识包括广告学、传播学、消费心理学和行为学等专业领域的知识。而写作知识则要求创作者必须具备在短时间内迅速了解新事物的能力，并能融会贯通，快速写出符合品牌定位的优秀文案。

课堂讨论

你掌握了几个新媒体文案工作人员的能力学习目标？

本／章／实／训

请大家到新媒体公司了解新媒体文案岗位的主要工作内容。

第二章

新媒体文案的创作准备

学习目标

掌握文案创作的准备方法，包括增加阅历、广泛阅读、了解要推广的产品或服务、了解潜在用户。

文案创作需要有灵感。灵感需要文案创作者不断经历、观察、思考、理解、体会，以及大量阅读，不断扩大视野和补充知识，只有这样，创作者才能有源源不断的灵感，才能有创新、有创造，写出与众不同、能激发消费者购买欲望和塑造良好企业形象的文案作品。提高文案写作能力的方法如下。

2.1　增加阅历

新媒体文案工作需要创作者有丰富的生活经历和兴趣爱好，并善于观察、思考、理解、体会。当一个人有了丰富的经历和兴趣爱好，体会了不同的生活时，才会有不同的感悟。当创作者把这些感悟与消费者进行交流时，消费者才会产生共鸣。

旅游是给文案创作带来灵感的一个重要方法。它是一种有着深刻内涵和广阔外延的位移行为，全程的遇见、参与是思想意识升华的必然途径。旅行能使人增长见识和开阔视野。见识多了，人必然会豁达，见识也会不同凡响，从而产生更多灵感。如果把读书当成一次完整的心灵修行，那么旅行便是一种全新的生活体验，旅行过程的人、景、物可以触动内心，可以给予我们创作的灵感。

中国的发展进步和对外交流成果，都与旅行有密不可分的关系。东晋杰出的旅行家、文学家、“山水诗”的开山鼻祖谢灵运，其“才高八斗”便得益于旅行；唐代的玄奘高僧远赴印度，因一次“西天取经”的旅行被誉为中外文化交流的杰出使者，他与鸠摩罗什、真谛并称为中国佛教的三大翻译家；唐朝僧人鉴真六渡日本，在佛教、医药、书法等方面对日本有极其深远的影响，成为日本佛教的开山祖师、著名医学家；明朝杰出的航海家、外交家郑和，七下南洋，巡游大半个地球，在航海、外交、军事、建筑等诸多方面都表现出了卓越的智慧与才识；明代末年的地理学家徐霞客经过 34 年的旅行，写就了以日记体为主的地理著作——《徐霞客游记》。

其实旅行是人类不可缺少的活动。旅行可以使人领略不同的风景，也可以让我们了解别人是怎样生活、劳动和生存的。当你看了很多风景，了解了很多风土人情、当地文化的特点时，就会把其中有特色的东西进行合理组合，产生新的创造，所以说旅游是产生文案创作灵感的重要方法。

如果我们没有丰富的经历，那就需要读各种各样的传记、小说，以体会不同的人生和经历。好的文学作品会引人入胜，会吸引人们不断地探寻下一步，产生好奇心。

而小说的写作手法也值得文案创作者去学习、运用。小说一般在开头都会设置悬念，然后在中间又会推波助澜，让故事情节跌宕起伏。

我们可以模仿小说进行文案创作，另外，也可以模仿小说里面的细节描写和情节设置。好的小说故事情节一般都特别打动人，而我们写文案的目的就是打动消费者，让消费者产生购买的内在驱动力。文案有细腻的细节描写，才能激发消费者产生购买欲望，并塑造企业良好的形象。

课堂讨论

你去过哪些地方旅游？在那里你最大的收获是什么？

2.2 广泛阅读

2.2.1 提升思维能力

要想在文案写作上有突破，就要在思想上有突破。思想的突破需要我们大量阅读，读一些能够改变思维、提升认知的书。这样，我们才会用不同的视角看待同样的事情，才能站在不同的角度去理解、观察、思考，最后得到不同的结论。这样的思维是需要不断进行训练的，而训练思维能力最好的方法就是阅读。以下几本书可以提升我们的思维能力。

第一本书是《学会提问》。这本书用批判性的思维指导我们进行理性的思考，帮助我们找到提问、回答、看待问题的正确方法。你会发现，原来提问也是一门艺术。第二本书是《金字塔原理》。如果你想快速提升思维方式，它绝对是一个不错的选择。这本书主要讲的是思考、写作和解决问题的逻辑。读完这本书后，原本解决不了的问题也许能迎刃而解。第三本书是《刀锋》。如果说《月亮与六便士》让你思考人生，那么《刀锋》则是为了掌握我们最终需要表达的东西，竞争涵盖了大多数人的一生。"越过最难的高峰，你才能超越自我。"本书作者希望我们找到人生的终极目标，努力克服人生中的困难，在未来的成长道路上走得更舒坦。第四本书是《影响力》。这本书告诉读者，没有影响力就没有追随力。影响力是一种魅力，是一种无形的神奇力量。第五本书是《社会性动物》。这本书以社会心理学为主题，探讨了处在一个群体之中的个人，在生存发展过程中与他人相互作用所带来的社会影响。

课堂讨论

你读过哪些提高思维能力的书？收获是什么？

2.2.2　提高审美能力

第一本书是《视觉锤》。这本书讲的是我们应该在消费者的心中找到一个空位，然后植入一颗钉子。视觉时代，抢占消费者心理的最好方法并非只是"语言的钉子"，还要运用强有力的"视觉锤"。视觉形象就像锤子，可以更快、更有力地建立定位并引起顾客共鸣。视觉形象和语言信息的关系好比锤子与钉子：要用视觉形象这把锤子将语言钉子植入消费者的心中。

第二本书是《设计心理学》。这本书是设计专业的理论书，是文案设计师必须掌握的一门课程。设计心理学是建立在心理学基础上，把人们的心理状态（尤其是人们对于需求的心理）通过意识作用于设计的一门学问。它同时研究人们在设计、创造过程中的心态，以及设计对社会、个体所产生的心理反应，使设计能够反映和满足人们的心理。

第三本书是《美的历程》。全书的每一章都讲述了一个中国重要时期的艺术风格或某一艺术门类的发展。它并不是一部一般意义上的艺术史著作，它的重点不在于对具体的艺术作品进行细部赏析，而是以人类学本体论的美学观把审美、艺术与整个历史进程有机联系，点面结合地揭示出各种社会因素对审美和艺术的影响，对中国古典文艺的发展作出了概括性的分析与说明。艺术趣味和审美理想的转变，并非艺术本身所能决定的，归根结底，决定它们的仍然是现实生活，故而考察一个时代的文艺，必先考察那个时代的社会经济、政治状况。在这本书中，作者以细致的考察论述了绘画、雕塑、建筑、文学、书法等艺术门类在各个时代的兴起与演变，并借助丰富的个例以高度凝练的语言指出了各个重要时代的艺术精神。

课堂讨论

你读过哪些能提高审美能力的书？收获是什么？

2.2.3 增加心理学方面的知识

第一本书是《社会心理学》。该书有很多极具吸引力的故事，集中突显了社会心理学中大家都关心的、激动人心的话题，系统地分析了攻击性、利他性、同情心、偏见、社会影响、移情与爱等人际交往中的重要问题。这些问题也是社会心理学的重要课题。学习完本书，我们可以逐步理解他人，学会在社会情境中认识自己，了解社会团体对我们的影响、我们如何做到人际吸引以及人们为什么会相互帮助，等等。这本书能够让我们在写文案的过程中，设身处地为消费者考虑。

第二本书是《超级符号就是超级创意》。该书首次集合了中国本土的传奇营销方法。该书的作者是“华与华方法”的创立者，多年来致力于企业战略和品牌营销的研究与实践，独创了融企业战略、产品开发、营销创意、品牌管理为一体的“华与华方法”，深刻影响了中国商业竞争的各个领域。从产品开发、产品命名、产品包装，到品牌传播、品牌战略、企业战略，“华与华方法”深入企业营销的各个层面。从日化、药品、食品、文具、电器、家居建材，到餐饮、酒店、旅游、房地产、农业、工业园区、城市营销、图书出版、互联网运营，“华与华方法”进入了当今商业竞争的各个领域。“华与华”和不同行业的巨头一起创造了一个个经典案例。

第三本书是《定位》。定位就是让品牌在顾客的心智阶梯中占据最有利的位置，使品牌成为某个类别或某种特性的代表品牌。这样当顾客产生相关需求时，便会将该品牌作为首选，也就是说这个品牌占据了这个定位。定位理论的创始人是美国著名营销大师艾·里斯及其当时公司的合伙人——杰克·特劳特。他们于 1968 年将这个理论命名为“positioning”，由此开创了营销理论全面创新的时代。2001 年，定位理论被美国营销协会评为“有史以来对美国营销影响最大的观念”。本书提出企业的战略定位包括四个步骤：识别据以定位的可能性竞争优势、选择正确的竞争优势、有效地向市场表明企业的市场定位、围绕定位开展战略。第一步，分析整个外部环境，确定竞争对手是谁，竞争对手的价值是什么。第二步，避开竞争对手在顾客心中的优势点，或利用其优势中蕴含的弱点，来确立品牌的优势位置。第三步，为这一定位寻找一个可靠的证明，信任状。第四步，将这一定位整合到企业内部运营的方方面面，特别是在传播上，以将定位深深植入顾客的心中。

课堂讨论

你读过哪些心理学方面的书？收获是什么？

2.2.4 提高文案的表达能力

第一本书是《麦肯锡教我的写作武器》。该书详细介绍了世界一流公司的商务文案写作方法，是一本让读者学会逻辑思考方法、提高写作能力的实用工具书。本书分为基础篇和实践篇两部分，结合实际案例，系统地介绍了运用逻辑思考，创作一份兼具逻辑力与明确表达力的精彩商务文案所需的诸多方法，如金字塔原理、MECE原则、分辨问题类型的高杉法、SCQOR故事展开法以及具体制作报告与简报的方法等，帮助读者自动养成逻辑思考的习惯，快速构思出一份逻辑清晰、说服力十足的商务文案。

第二本书是《文案创作完全手册》。该书强势主张“广告的目的不是要讨好、娱乐观众或赢得广告大奖，而是要把产品卖出去”。在这本多年被广告界推崇的经典著作中，作者布莱结合了多年的实战经验，告诉我们如何才能写出极具销售力的广告文案。充满销售力的广告文案讲求有效地叙述，这本书就是教我们如何通过技巧性的叙述来体现充分的说服力和命中率。书中介绍了如何写出引人注目的标题，揭秘了经验丰富的文案工作人员创作极具销售力的好点子所遵循的步骤，阐述了如何挖掘一件产品的特色，并将它转化为能强烈吸引顾客的产品等内容。

第三本书是《文案训练手册》。该书主要讲精彩的文案是广告业的核心和灵魂。本书提供了经过验证的指导和专家意见，告诉我们如何写出刺激消费者，并促使他们最终购买产品的文案。该书带领读者了解整个文案的写作过程——从一开始如何研究产品和市场，到将创意落笔成文，再到最后将它们打磨成光彩熠熠的作品。本书阐释了那些造就精彩文案的主要因素，探索了促使消费者购买的情感诱因。该书还写了推销文案需要的技巧和工具。

课堂讨论

阅读《麦肯锡教我的写作武器》《文案创作完全手册》《文案训练手册》中的任意一本，并讨论。

2.3 产品和用户的定位

产品定位是在产品设计之初或产品在市场推广的过程中，通过广告宣传或其他营销手段使该产品在消费者心中确立一个具体的形象的过程，简而言之就是在消费者选择产品时给他们制造一个决策捷径。产品定位的计划和实施应以产品的市场定位为基础，受市场定位的指导，但比市场定位更深入人心。具体地说，产品定位就是根据消费者或用户对产品某种属性的重视程度，来确定在目标客户的心中应塑造产品或企业的哪些鲜明个性或特色，然后赋予其一定的形象，以满足目标客户的需要，从而使目标市场上的顾客了解和认识本企业的产品。

在新媒体文案创作的日常工作过程中，创作者容易深陷于与各种沟通对象打交道，深陷于其中的各种执行细项，思维模式偏向被动，而偏离了真正重要的市场与用户。因此创作者需要从被动转向主动，从市场及用户反向推导日常的执行工作。最主要的方法就是找对产品定位和用户定位。只有产品定位对了，才能让这种看似远离市场与用户的执行工作找到方向性；只有用户定位对了，才能找到正确的营销方法。

2.3.1 了解要推广的产品或服务

通常我们推广的是一个企业或者组织，或者说企业的某种产品和服务，首先我们需要明确知道企业模式和商业模式，包括它提供的产品或服务是什么，企业的盈利模式是什么，以及企业的价值主张等内容。

1. 客户细分：为谁服务

大众市场：基本不会区分客户群体，比如可口可乐。

小众市场：有具体的专门市场，比如爱宠人士。

求同存异的客户群体：有共同需求，但是需求有区别。

多元化的客户群体：通过一种方式满足各种各样的需求，比如百度网盘、网络云盘。

多边平台、多边市场：服务的是两个及以上的群体，多是网络平台采用的方式，比如淘宝同时面对商家和购买者。

2. 价值主张：能给客户带来什么好处

价值主张的六个要素如下。

目标客户：产品给谁用？

痛点问题：客户的问题是什么？

产品和服务：提供的产品或服务是什么？

用户利益：可以给目标客户带来什么好处和利益？

竞争对手：主要的竞争对手是谁？

竞争优势：与竞争对手的主要不同之处是什么？

3. 价值类型

价值类型包括性能、新颖性、服务、设计、品牌地位、价格成本，以及风险控制的可获得性、便利性、实用性。如滴滴的两类用户群体的价值类型分别如下。

普通用户：

- 最少的等待时间；
- 与出租车相比，更低的价格；
- 可以预知到达时间；
- 无现金交易。

司机群体：

- 就业机会与另一种收入来源；
- 灵活的工作时间和可以坚持的工作；
- 简单的支付流程；
- 在线上就能得到报酬。

4. 渠道通路

通过什么渠道跟客户产生联系，是线上、线下还是中间商？

（1）渠道价值。（图 2-1）

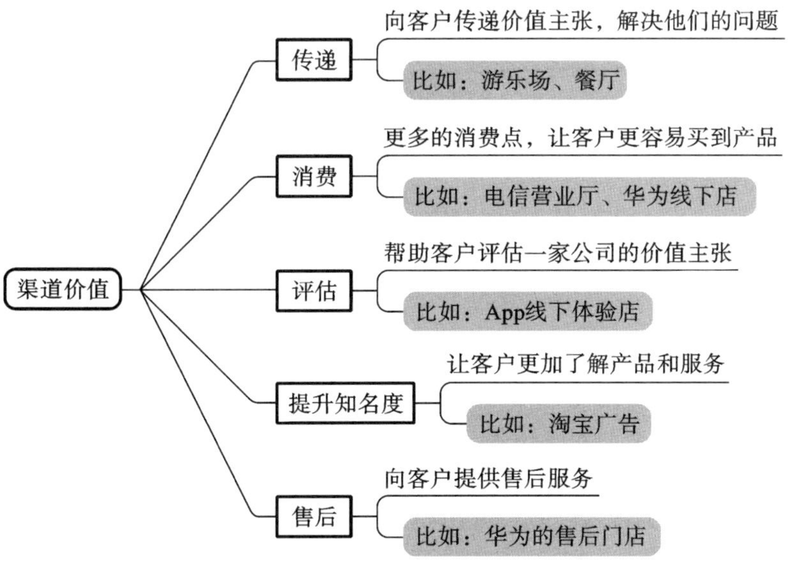

图 2-1　渠道价值

（2）渠道分类。（图 2-2）

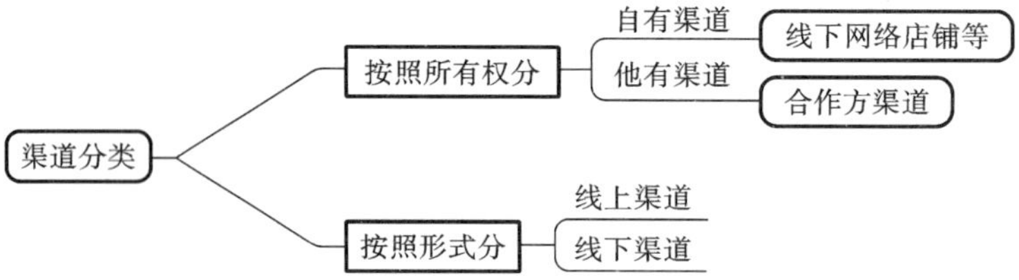

图 2-2　渠道分类

例如，滴滴的渠道有官方网站、支付宝小程序、微信小程序、移动端应用等。

5. 客户关系

企业都希望和客户保持长久的合作关系，所以企业需要维系与客户之间的关系。

（1）客户关系的价值。

吸引用户：吸引新客户。

留住用户：留住旧客户。

维系转化：增加销售量，提升消费率。

常见的维护客户关系的例子有淘宝店铺的会员系统、理发店的充值会员、商场的会员等。

（2）客户关系的类型。（图 2-3）

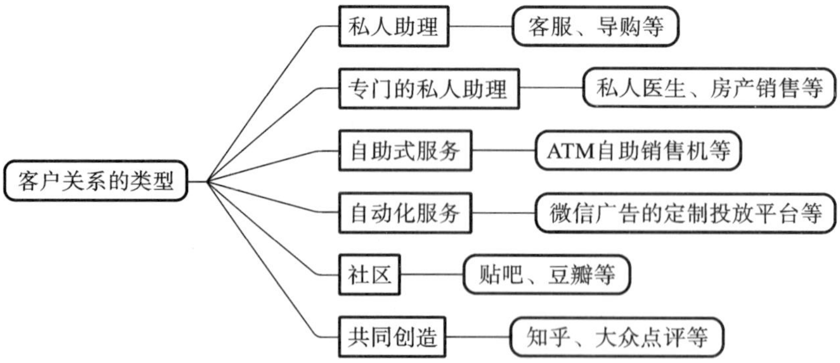

图 2-3　客户关系的类型

6. 收入来源：通过什么方式来赚钱

常见的收入来源的类型包括以下几种。

资产收费：最常见的收入方式，比如房产、一般商品。

使用收费：特定服务收费，比如电信运营商。

订阅收费：通过重复使用来收费，比如视频网站的会员。

租赁收费：产品的暂时使用权，比如共享单车。

授权收费：受到保护的知识产权或形象等授权，比如专利费用、IP 使用费、安卓系统授权、形象代言人。

经纪收费：中介服务费，比如房产中介费。

广告收费：宣传推广服务费，比如腾讯视频中的广告、搜索引擎推广费。

7. 关键资源

为了销售产品，你需要利用什么资源，或者说你有什么资源保证能赚钱，是资金、技术还是人才？

关键资源的类型包括以下几个方面。

物理资源：厂房、设备等有形资产，比如传统产品制造商。

无形知识性资源：品牌、产权、形象，比如迪士尼的 IP 资源。

人力资源：人员，比如技术人员、平台拥有的广大社交用户。

财务资源：资金。

例如，滴滴的关键资源主要是技术性平台、经验丰富的司机。

8. 关键活动：必须做哪些事，才能赚钱

关键活动的类型有以下几种。

· 生产制造：生产和制造核心商品。

· 解决问题：为个别用户提供解决方案，比如：设计公司提供的服装设计服务等。

· 平台 / 网络：以平台为核心资源的商业模式，其关键业务都是与平台或网络相关的，比如微博要维护自身的服务器。

9. 关键伙伴：可以和谁合作来赚钱

（1）合作伙伴的价值。

商业模式优化及规模效应：比如可口可乐多年不涨价，主要是其长年进行规模化生产和进行严格的供应商管控。

降低风险和不确定性：大部分网点使用支付宝和微信进行支付。

特殊资源及业务活动的获得：例如腾讯与京东的战略合作。

（2）合作伙伴的类型。

· 非竞争者之间的战略同盟。

· 竞争者之间的战略同盟：比如许多手机品牌互相授权专利。

· 为新业务建立合资公司：比如钉钉投资 teambition。

· 基于供应关系的合作：比如麦当劳和鸡肉农场的合作。

10. 成本结构：为了赚钱你必须在哪些地方花钱

成本结构的类型包括固定成本和可变成本。

固定成本：如主要管理人员的工资，前期的设备投入、租金等。

可变成本：如生产所需要的原材料、消耗费用。

课堂讨论

如何找到文案中产品的细分市场？

2.3.2 了解使用该产品的潜在用户

一个产品的开始可以有很多契机，比如竞品启发、发现市面上缺少某个属性组合的产品、公司有某个资源可以利用、设计师或产品经理有某个创意、发现了某些用户需求。产品开发的起点不一定是用户，但肯定要回归到用户。因此，我们要先学会定位客户，找出潜在的大范围的客户群和区域，并据此来确定营销分布和营销思路，下面是一些具体的措施。

（1）与潜在用户交流。你想要获得一个未上线产品的相关数据，就应与该产品的潜在用户进行交流。当你没有潜在用户时，你可以挖掘别人的用户。你可以借助这个群体来验证一些“虚拟网站”，但注意要用正确的方式，和这些用户交流时，要让对方感觉你的产品确实很快就会上线。

（2）建立一个爱好者的平台。策划一个活动，围绕解决方案征集爱好者。他们可以是一些不满足现状的用户，也可以是那些认同你的解决方案的人。你要向他们展示你为产品所做的研究。你所吸引的是潜在用户群的一部分，更重要的是他们将是你的早期用户，而且你已经知道他们想要什么了。

（3）了解目标客户。这群人经常出现在什么场合？从事什么活动？购买这类产品时他们有什么消费习惯？他们经常会在什么地方获得这类产品的信息？

（4）用对立法进行市场切割，明确定位在哪个区域的市场才能充分发挥自己的财力、物力、信息和渠道的优势。这同样意味着，你可能要暂时放弃对另外一个市场的财力、物力等的投入。

（5）开展以微信群为主要形式的周边推广活动，找到真正想使用产品的客户，建立初步的口碑，这里要注意宁缺毋滥。

（6）投放一定的广告。投放前期一定要小而精，不要大而广，要具体戳中潜在客户的痛点，引起他们的共鸣。

（7）使用良好的激励机制，如积分换礼物、送奖金、送券、送咖啡等，可让参与者感觉到实实在在的获利。

（8）进行产品演示。可以邀请部分目标客户来参加产品的说明会和营销推广活动，建立团队和目标客户对产品的信心。明确产品介绍的重点是产品本身的特定属性还是在产品的售后服务。我们应当对客户进行指导和讲解。任何产品都有特定的使用方法，客户需要了解产品使用的知识，需要知道怎样才能发挥产品的最佳效果。但凡客户用过产品，且使用方法正确、效果不错，一般都会回购。

课堂讨论

怎样挖掘潜在客户？

本／章／实／训

从本章推荐的各类书籍中找一本阅读。

第三章 新媒体文案的写作技巧

学习目标

熟悉新媒体文案具有吸引力的方法，掌握新媒体文案引起用户情感共鸣的方法，了解新媒体文案得到用户认同的方法。

3.1 如何让文案具有吸引力

3.1.1 要有具体沟通的画面

写文案要针对目标用户的感受，要了解用户想要的是什么，要用可视化的文字描述并影响用户的感受。

文案的写作目的是沟通。文案是写给不同的人看的，力求用简单通俗的语言沟通。在写作前首先要在大脑中形成一幅画面。在介绍一个企业、一个产品前，你要介绍给谁？他们在哪里？谈什么？你说了什么内容？听者会有怎么样的反应？也就是一定要找准对象，想清楚你在和谁交流，向谁推广产品，和谁建立一种联系。

在这个过程中，语言要通俗易懂，不要用长句和复杂的词语，多用简短的句子，多用口语。这样的文案才会有比较强烈的画面感，才会让读者感觉你在和他交流，你是他的朋友，感觉你在针对他的问题，帮助他找到解决问题的办法。

村上春树有一个很好的写作方法，他会把写作的过程想象成和大家坐在山洞里聊天的过程。大家围坐在篝火前听他讲故事，有一些人会提出问题。通过这样一种想象的交流，他能准确找到这类读者的需求，同时，可以用简单、直白的语言和他们进行沟通。所以，我们在写作的时候要仔细想清楚听者是谁，读者是谁，要用什么样的语言去介绍这个产品和企业，以便对方能够明白。

以写春天为例，写给小孩子的文案可以是："春天到了，春姑娘迈着轻快的步子来了。她来到农田里，绿油油的麦田从睡梦中醒来了，金灿灿的油菜花张开了笑脸。她来到池塘边，睡了一冬的青蛙，跳出洞来尽情地唱着清脆的歌。她来到花园里，花儿们都不甘示弱，竞相开放……真是美极啦！花儿散发出阵阵淡淡的清香，小蜜蜂飞来飞去正忙着采蜜呢！她来到校园里，和小朋友们一起读书、唱歌、做游戏。"写给成年人的文案是："'一年之计在于春'，寻着春的脚步，踏着春的节拍，生活展开了新的一页。在这风和日丽的季节里，我已做好准备，坚实地迈向生活新的旅程。"

课堂讨论

如何在消费者的脑海里展现炸鸡的画面？就此试写一个小文案。

3.1.2 用熟悉的事物与新事物进行类比

人总是不太容易接受陌生的东西，会有较强的抵触感和距离感。因为我们每个人都喜欢坚持原有的认知结构，如果在原有的认知结构上增添新事物，人们接受起来就比较困难，很难在脑海中产生画面感。

对一个完全不了解新产品的人来说，用大量的语言一遍一遍描述新事物的形状、特点，可能会让用户产生模糊感。这个时候最好的方法就是利用用户熟悉的事物来解释新事物，寻找两者的相似之处。把新、旧事物进行联系和对比，用户就能够很好地理解了，因此我们在写文案的时候，要想把新事物推销给用户，就要想一想这个新事物和用户之前接触的旧事物有哪些相似之处，这个旧事物和新事物怎样联系，才会让用户很容易、很轻松地接受它、理解它，愿意去深入地学习和了解它。

下面两个介绍小说的推广文案就很好地运用了类比的方法。

小说的魅力在于将我们引入非日常的世界中。这种感觉就像你刚到一个向往很久的地方旅行一样，整个人会焕然一新，或者就像你刚刚看了恐怖电影一样，会感觉自己脚底生风、大步流星地在街上行走。

至少于我而言，推理小说是最适合的“特效药”。利用乘地铁的碎片化时间阅读，能让我从现实中抽离并很快获得放松，就好像泡了个澡一样舒服、畅快。如果拥有这样一个瞬间，我就可以精神抖擞地重新回到现实生活中了。

课堂讨论

请你利用旧事物写一个关于手机的小文案。

3.1.3 使用更加具象、生动的比喻

比喻是一种常用的修辞手法。著名文学理论家乔纳森·卡勒认为：比喻是认知的一种基本方式，通过把一种事物看成另一种事物而认识了它。也就是说找到甲事物和乙事物的共同点，发现甲事物隐含在乙事物身上不为人所熟知的特征，以便对甲事物有一个新认识。文案不仅要多举例，同时也要多用比喻，这样文字才会更加具体、生动。

比喻能够拉近用户和作者之间的关系。文案中运用比喻，能让人们用旧事物去理解新事物，同时还能给用户营造一种轻松愉悦的环境，让用户在看到新事物时感到美好、新鲜。另外，比喻会加强文案的戏剧性，让文案更加具象化、有画面感。

下面有三个示例。

世界上有一种专门拆散亲子关系的怪物，叫做长大。

这个文案把长大这个过程比作怪物。这个比喻特别形象和直观，一语道破长大就是和父母分离的过程，而这个分离的过程并不是一种心平气和的分离，它是通过多种多样的变化而产生的一种分离。这个比喻非常生动，能让我们更加具体地理解长大的本质。

童年的朋友，如同童年的衣裳。长大后，不是不愿意穿，是无可奈何了……

——木心

这句话描述的是童年。作者巧妙地把童年的朋友比作童年的衣裳。童年的朋友是真心的，在一起时充满了快乐。可是长大以后，每个人的思想在转变，过去曾经给予自己关心、陪伴和理解的朋友，已形同陌路。这就好像童年的衣裳，虽然我们依然喜欢，虽然衣裳还在，但我们已经穿不了它了。

心脏是一座有两间卧室的房子，一间住着痛苦，另一间住着欢乐。人不能笑得太响，否则笑声会吵醒隔壁房间的痛苦。

——卡夫卡

人生有两件不停围绕在身边的事情：一件是痛苦，另一件是欢乐。作者把它们比喻成住在隔壁房间的两个人。作者说，笑得太响，就会把隔壁的痛苦给吵醒，即乐极生悲，当你快乐过度的时候，痛苦也会随之产生。作者用这样的比喻巧妙地讲出了快乐要有度的道理。

课堂讨论

请你用比喻的方法给酸奶写一个文案。

3.1.4 用细节打动消费者

事实上，能让消费者细细去体会，并打动他们的文案，细节描述都非常好。因为丰富的细节描写能让消费者在脑海中想象画面，从而产生兴趣。因此，写文案时，不要用一些模糊不清、抽象的词语来描述产品，否则只会让消费者一头雾水，拒绝阅读。

细节的最大优势就是打动人心。只有你充分描述细节，充分调动读者的视觉、味觉、嗅觉、触觉和感觉，这样的文案才能深深地打动消费者。一般使用细节描写的文案主要是美食类文案。优秀的美食类文案在细节描写方面会充分调动消费者的感受和想象。

要想对事物的细节进行描述，首先要学会对事物进行全面的观察。观察可以让创作者深入了解产品，对产品有更深刻的认知。在推广和宣传产品前，创作者要了解产品的每一个细节、优势、劣势，挖掘出打动消费者的细节，才能明白突出展示哪一点才能满足消费者的需求。如果你对产品完全不了解，或者只凭大概的了解就去写文案，这样的文案肯定打动不了消费者，也切中不了消费者的内心需求。所以说要写出成功的文案就要先去观察细节，然后才能写出细节，用细节去打动消费者。

以下有两个示例。

笋的保鲜从来都是个很大的麻烦。笋只是一个芽，是整个植物机体活动最旺盛的部分。聪明的老包保护冬笋的方法很简单，扒开松松的泥土，把笋重新埋起来保湿。这样的埋藏方式就地利用自然，可以使笋保鲜两周以上。

——《舌尖上的中国》

这个文案先讲了保存笋的困难在于保鲜。遇到这样的难题，中国人是怎样巧妙地利用大自然进行保鲜呢？文案里面用了动词“扒开”，这个词展示出埋笋的时候不是用机器和工具，只是用手刨开并不深的土层，然后又用了形容词“松松的”，准确地展现出土的松软。这两个词很好地调动了读者的触觉和感觉，使读者能在脑海中构筑出笋被埋藏在这个松软、潮湿的土中的画面。

今天他要和老友搭档做杭州菜——西湖醋鱼。这是一道对火候要求非常高的菜。他们将一条鱼剖成两半，一半汆水，一半过油。两种做法都需要在恰当的时机将鱼下锅和出锅，否则会直接影响西湖鲲鱼特殊的鲜嫩口感。出锅后，两种做法的鱼放在同一个盘子中，最后浇上炒好的糖醋，美味看上去就已经呼之欲出了。

——《舌尖上的中国》

这个文案的细节在于它的动词，剖、汆水、过油等写出了西湖醋鱼的制作是一个复杂而又矛盾的过程。本来油和水是不相容的，但是西湖醋鱼的做法就是要把这两种不相容的或者矛盾的做法进行碰撞和融合，其目的就是在恰当的时机，通过高难度的碰撞，让鱼迸发出鲜嫩的口感。这些动作细节会深深打动消费者。

课堂讨论

找一篇文案，说说这篇文案的细节在哪里，有没有打动你。

3.1.5 选好参照物，让产品跃然纸上

用户在选择产品的时候，通常会和其他产品做比较，而且会倾向于首先选择自己熟悉的产品，通过比较来展现新产品的特点。比如，一种新的智能手机出现，用户通常会把它与旧手机进行比较。因此在创作文案时，创作者应尽量选择一些参照物，用这个参照物去衬托新产品的优势，让用户对新产品一目了然。一个好的参照物，能够让用户很快了解这个新产品及其核心特点，然后评估这个新产品的价值。能推动消费者对新产品进行认知的参照物就是一个有效的参照物。如果没有提供参照物，只是提供一些常规的数据，比如性能、价格高低、尺寸、重量等，这样的文案其实就成了说明书。如果提供合适的参照物，就能够让用户一下子感受到新产品的优点和好处，从而达到推广的预期效果。

● **案例**

南孚迷你充电宝

南孚充电宝相对于其他充电宝，主打的是小巧轻便、方便携带。怎样突出这个卖点呢？很多人会选择直接列出充电宝的尺寸，比如 9.2 cm×2.3 cm。而南孚是把充电宝和一支口红进行对比，非常直观、形象地让人了解到这个迷你充电宝竟然和一支口红的大小差不多。另外，为了加深用户的画面感，南孚又选了当时的标志性手机——iphone 6S，把它也作为参照物进行对比。

9.2 cm 媲美小巧的口红

这样一对比，用户马上就了解到这个充电宝大约只有 iphone 6S 的 2/3 高，立刻就能捕捉到南孚想要传达的产品卖点。这与直接描述 9.2 cm×2.3 cm 的尺寸所产生的效果有天壤之别。

这就是参照物的力量，它能让用户一看就明白，一看就有画面关联。

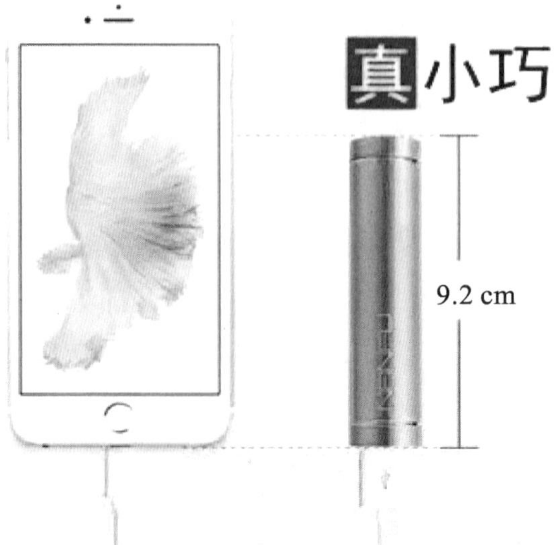

课堂讨论

描写你的台灯，找一个参照物来衬托它。

3.2　如何引起用户的情感共鸣

3.2.1　定位客户的需求

要想写出好的文案，首先要对自己进行精准定位，即选定领域，明确擅长什么领域，主要提供哪些方面的服务。

那么，如何确定自己的细分领域呢？

第一步是找到擅长的行业领域。在确定大方向后，再从中确定一个更为细分的具体领域，比如技能经验方向——理财保险；技术擅长的方向——教别人扎头发、做手工等。也可以通过自己的性格和能力找自己的细分领域，比如性格比较内向，可选择写作、会计、绘画等领域，外向的人可以去做销售、导购、策划，等等。

第二步是确定自己的优势。若你准备进入某行业，就要确定在这个行业中自己的优势和方向，想想自己有哪些闪光点。

第三步就是明确自己能给别人带来的好处。好处就是把优势变现。换句话说，就是你能够给别人提供什么帮助，别人能从你的优势中获得什么好处。

当我们确定了个人的优势和别人可以从我们这里得到的好处之后，我们就要对自己的用户进行精准的细分，即用一分为二的方法确定用户。我们应思考自己的价值是物质层面的还是精神层面的；自己的价值是用户现在就需要的，还是以后才需要的；对成人帮助大，还是对孩子帮助大；对男士帮助大，还是对女士帮助大；对职场人士帮助大，还是对家庭成员帮助大……这就是一个用户逐渐清晰的细分过程。当然有时候我们也会得到一些重叠的用户，具体应从年龄、职业、家庭情况、收入、教育、婚姻等来划分，需要用多个标签进行比对。

通过以上行为，我们可以精准定位用户群体。面对用户群体，只写一份文案就打动所有人当然不可能。即使在同一个群体，大家的需求侧重也有所不同。因此，创作者要针对细分用户有方向地去写文案，在表达时，要根据用户的诉求投其所好。

文案是用一种隐性的文化去打动读者，让有不同需求的客户得到满足。当调动了客户的情绪，激发了他们内心的渴望，或满足了他们的某种需求时，这个文案就算成功了，也必然会让消费者产生购买冲动。

有情绪的文案自带引导力，而没有情绪的文案，只一味干巴巴地说道理、介绍产品，肯定不会激发消费者的购买欲望。比如，一位乞讨的盲人在身旁立了一块牌子，上面写着：我什么也看不见。但是经别人修改之后，牌子上的文字变成了：春天到了，可是我什么也看不见。果然没过多久，这个乞丐身边的碗里已经放满了钱。前一个文案只说我什么也看不见，是盲人站在自己的角度说明自己的情况，和别人没有产生关系，只是带有祈求、可怜的情绪。但改后的文案就没有乞讨、可怜的情感了，而是充满了一种积极向上但又无可奈何的情绪。这样就会引导读者产生一种想要帮助他看到这个春天的愿望和冲动。虽然只是进行了简单的修改，但却把人美好的情感激发出来了。在写文案的时候，不要单纯地描述产品，而应思考消费者内心的需求，考虑他们想要什么样的情感、情绪，这样写出的文案才更加有张力，更能显示出情商。

课堂讨论

要让消费者认同文案中的产品，应如何定位？如何对产品定位？

3.2.2 尊重、认可消费者

大多数人都希望被别人尊重、认可，文案一定要体现出这种尊重和认可。就像人们买了一件漂亮的衣服，除了让自己赏心悦目，还希望得到朋友、家人和同事的夸赞。很多消费者喜欢买一些名牌产品，是因为他们想获得优越感，想让别人觉得自己比较有品位。还有人经常晒出游的图片，也是想让别人认识和感受到他们的幸福。

下面有两个示例。

劳力士的手表广告：劳力士从未改变世界，戴劳力士的人改变世界

这样的广告词显示出对戴劳力士手表的人的一种认同。因为能买得起这种手表的人一般都有着很强的经济实力。这样的广告激发出了人们需要的一种尊贵感和自我认同感。劳力士手表已经是一种身份、尊贵和自我认同的象征。这个成功的广告文案充分地调动了消费者的情绪。

香奈儿：流行易逝，风格永存

这个文案的意思是说，一个会穿搭的、有独特审美的人，他的风格是永存的，是经典的，是适合自己的。它让消费者认为使用了这个产品，就说明自己是一个有风格的人、

有眼光的人，一个对自我形象有很强认同感的人。这样的文案能够激发出人们对尊贵、自我认同、美好品质的追求。

以上这两个文案就是有情绪的文案，是考虑到消费者内心需求的文案，也是能满足消费者内心需求的文案。

课堂讨论

找一篇能让消费者感觉被认可的文案。

3.2.3　打动消费者

文案的感染力是通过文字所描述的场景，让消费者联想到自身熟悉的场景和人、事、物，从而产生感动的情绪。所以新媒体文案里面感动情绪的营造一定要有场景、有画面，并让情感融入到画面和场景中。想要用文案激发用户的感动情绪，核心就是将人物、场景和情感三者相融合。

● **案例**

别让等待成为遗憾

广告里面的人物只有母亲和儿子。第一个场景中的人物是小时候的儿子和年轻的妈妈。妈妈对儿子说："等你考上大学，妈妈就享福了。"具体场景是年轻的妈妈目送年幼的儿子背着小书包去上学。第二个场景是儿子背上行囊，准备去上大学。妈妈站在路口目送远去的儿子，这时候画面定格在略显苍老的妈妈脸上。妈妈同样也说了一句："等你大学毕业工作了，妈妈就享福了。"第三个场景是已经年老的妈妈在为结婚的儿子贴窗花。这里妈妈的台词是："等你结完婚，有了孩子，妈妈就享福了。"之后妈妈孤独地坐在窗边等待迎接新婚的儿子和儿媳。第四个场景是老年的妈妈和小孙子在院子里荡秋千，孩子说："奶奶，等我长大了就让您享福啊！"奶奶幸福地抱着小孙子，看着他微笑，但是千言万语却说不出来。最后一个场景是年老的妈妈已疾病缠身、正在吃药的时候，突然想起了儿子曾说："妈，等天气暖和了，我带您出去好好玩几天。"但时间不等人……

当儿子匆忙地开车奔向医院时，嘴里只不停地念着："妈妈，您再等等我。"

关爱失智老人

随着年龄的增长，父亲得了阿尔兹海默症。他开始不认识人，也不知道自己刚才做过什么事情，要做的下一件事情是什么，要去什么地方。有一次，儿子带着爸爸和很多人一起聚餐，吃完饭之后，爸爸发现盘子里还有两个饺子。他直接用手抓起饺子，然后装进了口袋。当时的儿子因为尴尬，当着众人的面大声呵斥爸爸，并拉着他的衣服说："您这是干什么啊？"爸爸却用颤抖的声音说："这是留给我儿子的，我儿子最爱吃饺子了。"

画面的最后，写了这样一句话：他忘记了很多事情，但他从未忘记爱你。

这个广告片前面表明父亲因生病忘了很多事情，但后面吃饭的场景表明父亲有一件事情一直没有忘，那就是爱自己的孩子。两个场景形成了鲜明的对比。

妈妈洗脚

这个广告有两个场景。第一个场景是下班后的儿媳妇打水给婆婆洗脚。这个场景展现出儿媳妇对母亲的孝心，且这种孝心转化成了实际的行动，让人感觉特别暖心。这时，一个小男孩轻轻地推开了门，正好看到了妈妈在给奶奶洗脚。随后画面就转到了第二个场景。在第二个场景里，妈妈推开孩子卧室的门，发现孩子并不在卧室。妈妈一回头，就看到年幼的孩子正端着一大盆水。他年龄小，而水盆很重，孩子正努力保持平衡，使盆里的水不洒出来。孩子端着水来到妈妈身边，水已经溅湿了孩子的衣服，但孩子却笑着说："妈妈洗脚。"于是劳累了一天的妈妈露出了欣慰的微笑。短片的最后写道：其实父母是孩子最好的老师。

这个文案也是由两个场景构成的。第一个场景是婆婆和儿媳妇，第二个场景是儿子和妈妈，均渗透着浓浓的亲情。这只是一个公益广告，如果这个广告涉及销售产品，如足浴盆，作者就可以巧妙地将原先普通的水盆改为足浴盆，同样让它存在于以上两个场景中。相信即使是卖产品，这个文案也足以打动人。

课堂讨论

写一个推销酸奶的文案，要求感人、有场景。

3.2.4 激发消费者的恐惧诉求

恐惧诉求法是让消费者产生担心和恐惧的心理。用这个方法主要推销两种类型的产品：一种是让人省事的产品，如扫地机器人、洗碗机、全自动洗衣机等；另一种是预防型的产品，如防尘螨的床单、防甲醛的空气净化器、防盗的指纹锁、防牙病的电动牙刷、防近视的台灯等。这些产品如果单从正面进行描述，比如描述这个电动牙刷能有效避免牙病的产生，或扫地机器人能带来各种便利，可能无法激发消费者的购买愿望。但是如果从反面营销，即表明如果没有这个产品，你的生活会变得很糟糕，反而更容易把产品推销出去。

这个方法一般是先描述没有这个产品的痛苦场景以及严重的后果，然后再写假如购买了这个产品，会是什么样的感受。

● **案例**

纳米防水喷雾

上班时下雨最令人崩溃了，你会不小心蹚一鞋水，然后在公司又换不了鞋，一整天脚湿漉漉的，想想就糟心。

出门在外，登山下海，要想领略很多壮观的美景，就要走过很多泥泞的道路。鞋子、背包、衣服、帽子等会沾上汽油或者油腻的食物而变得脏兮兮的。

回到家后，刷鞋子、洗衣服能废掉你的腰，而且很有可能根本洗不掉。

用了纳米防水喷雾，你就什么都不用担心了。把纳米防水喷雾喷到这些物品上，它会形成一种保护膜，让它们防水、防油和防污。

我们可以明显看出用恐惧诉求方法去描写产品，更能打动消费者：先重点刻画没有纳米防水喷雾的痛苦场景，然后指出用了纳米防水喷雾，就能解决这些问题。这种前后对比所产生的反差，能快速击中消费者，使其产生购买欲望。

● **案例**

电动牙刷

我们都知道刷牙很重要，但常常还是应付了事，不认真刷牙。稍不注意，就容易牙龈发炎。发作时，牙龈会一直隐隐作痛，导致我们根本没办法正常工作（痛苦场景），只能请假去看病，这样不仅会被扣工资，还会耽误工作，最痛苦的是看病回来，我们还得加班（严重后果）。

去过牙科的人都知道：看牙是真的贵！随便几颗牙，其费用通常都要上千元，同时治牙时一般也会疼得眼泪直打转（痛苦场景），真是花钱又受罪（严重后果）！

如果你买一个电动牙刷，以上问题就会迎刃而解。

这个文案首先在消费者的脑海里构筑了一个画面，即牙龈发炎严重时会很痛，会影响工作。同时还有另外一系列悲惨的后果：牙痛就得请假看病，被扣工资，耽误工作；看牙很贵；治牙很疼。面对如此痛苦的场景和严重的后果，你怎么会不买电动牙刷呢？

这就是恐惧诉求。

课堂讨论

查找一下还有哪些产品能用恐惧诉求写法进行描述。

3.2.5 打造场景，唤起消费者内心的记忆

其实大部分消费者都是非常恋旧的。在写文案时，如果能调动消费者内心深处那些熟知的场景、画面以及那些曾经有过的情感体验，这个文案就能引起消费者的共鸣和情绪的起伏变化。因此，我们要学会挖掘消费者内心的世界，要思考推广的这款产品会与消费者经历的哪些场景有深刻的连接，这些场景又连接着哪些难忘的画面。消费者的这些场景和画面一般都发生在特定的时间和空间内，我们要把记忆都转化成场景，把场景转化成画面，把画面转化成情绪。当消费者看到文案中展现的这些场景时，就会联想到曾经发生的事情，从而在这些事情中挖掘出当时的一些情感，即触景生情。

● **案例**

房产文案

走得再远，
还是没有走出最初的地方。
生活在苏州里的人，有时也会非常地想念苏州。
二十年时光流转，带来了富足近奢的享受，
余下的，更多是对旧时苏州的想念。
那些多年前不可奢望的梦想已成寻常，
而从前质朴的自然生活却又如隔世般难以寻回。
“归去来，田园将芜胡不归？”
故园依旧在，桃花已然红，石板路苔青褪去，
园中井水一样冰冷甘甜……
还好，我们还有归去来。归去来，苏州故园，人文别墅。
以新建筑构造苏州新生活，
最能还原你记忆中纯粹的苏州味。
似是故人归。

这个文案实际是某房地产的推广文案。文案的场景和画面展现出来后，能激发消费者对过去那种平静、怡然自得、和谐舒适的美好生活的向往。文案通过调动消费者的怀旧心理，让他们产生共鸣并产生购买欲望，以满足他们远离喧嚣生活的渴望。

课堂讨论

写一个文案，以唤起大家对童年美好的回忆。

3.3　如何得到用户的认同

3.3.1　用户为什么要认同

文案是一种工具，是为了营销产品和服务。如果文案打动不了消费者，就不能实现自身的价值。如果要打动消费者，就必须得到消费者的认可。

我们愿意为某个产品买单，或者说我们认可某一个文案，是因为这个产品或这个文案所描述的功效，能切实解决我们的某个问题，或满足我们的某种需要。我们最需要的是这个产品基础的使用价值。为什么有的文案已经塑造了产品的使用价值，但还是有人不愿意下单呢？这就要看产品或文案所提供的其他价值了。

课堂讨论

文案中只写产品的使用价值会不会有好的销量？

3.3.2　产品的使用价值和附加价值

在满足消费者基本需求的基础上，我们还应该写出这个产品的不同点，如附加价值，这样才能够让消费者动心和产生购买行为。我们在写文案时如果只单纯地塑造产品的附加价值，却没有准确地描摹产品的使用价值，也无法让消费者认可产品。

最好的方法是在介绍使用价值的同时，也介绍附加价值，这样才能给消费者更多的选择理由和下单依据。

课堂讨论

产品附加价值的作用是什么？

3.3.3 提炼附加价值的两个思路

文案能够左右消费者的购买选择、推动产品销售，其根本原因是凸显了产品在同类产品中的独特性，凸显了产品的辨识度。

我们在写文案的时候，要从产品资料里提炼出产品的卖点。提炼卖点有两种方法。第一种方法是提炼出“人无我有”的产品特点。这种特点是绝对优势，是产品所具备的独有特征。但这种产品卖点不容易被提炼，它对产品的基础要求比较高。它一般涉及生产方法、原材料、新技术，或功能创新。比如农夫山泉的文案：“我们不生产水，我们只是大自然的搬运工。”表明它的独特性就是纯天然。这个就是它的卖点，这个文案给人们的感受是农夫山泉的水是大自然的水，是安全的、纯洁的、纯净的、健康的水。农夫山泉能找到属于自己的独特定位，并能把这个独特点讲明白，这个广告文案就已经取胜了。

第二种方法是找到产品“人有我精”的独有特点。和“人无我有”不同，这个方法讲究的是相对性，所以更容易提炼。比如，很多人对科沃斯扫地机器人并不陌生，因为它给大众的印象就是清洁力强。从产品功效来说，清洁力是所有扫地机器人的共同使用价值。而更强大的清洁力就是典型的相对性卖点。在使用这种方法时，我们要注意，提炼的卖点一定是能让消费者认可的卖点，一定是消费者关心的卖点，否则文案就没有价值了。

我们还要注意，卖点并不是越多越好。在写文案的过程中，你如果提炼了大量的卖点，就不能突出产品的绝对优势，甚至可能会凸显别人的优势。

课堂讨论

请你从新的角度给酸奶写一个文案，以展现酸奶的附加价值。

3.3.4 从情感和文化的角度去提炼附加价值

如果想让消费者认可文案，就要提炼产品的附加价值。如果单纯从产地、原料、配方、产品的使用价值等方面去提炼卖点，是比较容易的，也是最普遍的做法。但是如果想要写出一个消费者非常认可的文案，就要从更高的维度和消费者建立联系，要站在消费者的角度去考虑问题。

（1）和消费者建立情感连接。

和消费者建立情感连接，其实就是赋予产品某种特定的情感，以通过这种情感来影响消费者。这个情感连接的前提是你已经找到目标消费者群体，且已经找到这个群体的内心情感需求。

● 案例

钻石恒久远，一颗永流传

这是世界著名钻石品牌戴比尔斯的一句广告词。这句广告词已经成为传达感情、表达对爱情忠贞的一个代名词。在它传递给人们的信息中，感情因素已经远远超过了钻石本身。这个产品的目标群体主要是即将结婚的人。这个群体的感情追求是永恒的话题。

但是提炼这类产品的卖点是比较困难的。有一个办法是从产品的使用场景出发，也就是说想象一下这个产品在什么样的场景中被使用。比如一个盘子、一套餐具，如果单纯从使用价值出发，我们很难找到消费者内心的情感需求。但是如果我们想象一下这个盘子的使用场景，如这个精美的盘子里摆放了一道精美的菜肴，或者它烘托了一种节日的氛围，又或者它体现出了一种幸福的、美好的、优雅的生活状态，就能很快提炼出这个产品的卖点。

（2）寻找产品的文化价值。

如果一个产品、一个品牌有古老的历史，或者有深厚的文化底蕴，那么这些东西就是产品的一个无形的卖点。比如，北京同仁堂是中国中药行业的老字号，自 1723 年就开始供奉御药，历经八代皇帝。在 300 多年的风雨历程中，历代同仁堂人始终恪守“炮制虽繁必不敢省人工，品味虽贵必不敢减物力”的古训，树立了“修合无人见，存心有天知”的自律意识，造就了制药过程中兢兢业业、精益求精的严谨精神，其产品以“配方独特、选料上乘、工艺精湛、疗效显著”而享誉海内外，产品行销 40 多个国家和地区。

要提炼这样的卖点，首先产品必须有底蕴，它或者是历史悠久的某种产品，又或是能和中国传统文化相联系的产品，如丝绸文化、民俗文化、戏曲文化、骑射文化、茶道文化、乐器文化、字画文化，等等。从中国传统文化的角度去挖掘产品的文化卖点或者文化价值是非常有必要的。

另外，我们还可以从一些神话传说中寻找产品的文化卖点，其来源可以是《山海经》《水经注》《尚书》《史记》《淮南子》等古典历史作品，也可以是一些志怪小说或神魔小说，如《西游记》《封神演义》《聊斋志异》《搜神记》等。在挖掘产品的文化卖点或者文化价值时，文案创作者应有较深厚的文化积累，看到一款产品，就能快速想到它和哪种文化有联系，从而挖掘出产品的文化价值。

课堂讨论

说说能提炼文化附加价值的产品都有什么特点。

3.3.5 利用名人效应、服务价值、用户体验感来提炼附加价值

（1）名人效应。

消费者会对代言人、名人或者创始人等比较认可，认为他们比较有实力、有能力。他们创造了某一个品牌，或选择了某一个品牌，消费者会因对权威人物、知名人物所产生的信任感而追随他们选择同一品牌，并产生购买行为。这就是为什么很多商家会找知名人士代言和推荐自己的产品。

例如，格力电器领导者和代言人董明珠代言格力产品，她把自己的形象、领导力及在企业中的影响力融入企业形象。她代言格力就体现了一种拥有尖端科技、自强自立的中国品牌形象。这就是名人效应。

我们在写这类文案时，要尽量去找知名人士和这个产品的契合点，然后用文案将其中的联系准确体现出来，这样才会吸引消费者，打动消费者，让消费者认可代言人和这个产品。

（2）服务价值。

服务价值即服务能给用户带来的某种特殊体验。如果产品有着良好的服务，应把这个点告诉消费者，并在文案中很好地展示出来。但是在提炼这类卖点的时候，要注意区分度，即要在产品共有的使用价值的基础上去提炼附加的服务价值。

例如，东风日产在推广所产汽车的时候，除了推广汽车的使用价值，主要推广的卖点就是服务。首先是感心公路。东风日产一般会在春运高峰期在公路两边设立数个站点，以便为所有来往车辆提供方向指引以及免费的安全检车服务，让车主真正感受到温暖。其次，如果东风日产的车在偏远的地区出现了突发状况，提升改进专线就能解决这个难题。改进专线通过多功能的中风车、小风车，对一些地处偏远地区的客户提供专属售后服务，迄今为止已经深入 300 多个城镇。最后是“星光星期五”活动，因为很多车主白天要工作，下班又很晚，想要保养、检修车辆时经常会碰到 4S 店关门的情况，导致他们根本就没有时间享受服务。星光星期五的活动就解决了这一问题。每周五晚，东风日产的服务时间会延长到夜间九点，只要车主预约，晚上也能享受到正常的服务。除此之外，如果

客户愿意向朋友分享、推荐东风日产的车，他的朋友将获得免费享受代步车或接送的服务。这样的服务能给用户带来某种特殊的体验，是车的服务价值。

再比如中国南方航空公司，它是国内运输飞机最多、航线网络最发达、年客运量最大的航空公司之一。它拥有独立培养飞行员的能力，目前所拥有的在职专业飞行员有 1 万人。它还将自然体贴的服务理念深入广大旅客心中，其业务范围涵盖航空客货运输、配餐、旅游、酒店服务等多个领域。

（3）用户体验感。

有的产品要从用户体验的角度去提炼附加价值，即用户用了之后有什么感受。使用这个办法的前提是前期要做调研或调查，通过充分了解用户前期的使用感受，文案的创作者才能找到产品新的价值点。这个价值点就是把使用过的用户的全新的感受提炼出来，作为产品新的卖点。

如办公室白领希望能在电脑旁安静地工作，降噪耳机就能满足这类人群的需要，它能够过滤大部分的空调声、电脑风扇声、机械键盘的声音，以及开门声、厕所冲水声和旁人走路的声音。

课堂讨论

如何给产品找代言人？

本 / 章 / 实 / 训

请你为曾入住的某酒店提炼其附加价值。

第四章

新媒体文案的写作方法

学习目标

新媒体的文案主要由标题、开头、正文、结尾四部分组成，标题是映入用户眼帘的第一部分，也是决定用户是否会展开阅读的关键部分；开头和正文决定着用户是否会读完全文；结尾决定着用户是否会持续关注和阅读。因此，每一部分都非常重要。通过本章的学习，我们可以了解标题、开头、正文、结尾的作用，掌握标题、开头、正文、结尾的写作方法。

4.1　新媒体文案标题的写作

4.1.1　新媒体文案标题的作用

标题是文案的主旨，是文案内容的高度概括。文案标题的主要作用是吸引用户的注意力，使用户对文案内容产生兴趣，进而阅读文案全文。

我们在浏览各种文案的时候，都免不了被一些文案的标题吸引，然后点开文案开始阅读。

文案标题在微信、微博、今日头条、抖音等当下新型社交平台上尤为重要。相关数据表明，文案阅读量在很大程度上是由文案标题决定的。

对于新媒体文案的撰写者来说，阅读量与点击量决定了文案是否能实现商业变现。

课堂讨论

给你留下深刻印象的文案标题有哪些？哪种类型的文案标题能够吸引你阅读全文？

4.1.2 新媒体文案标题的写作要求

新媒体文案的标题是用户浏览文案时，首先映入眼帘的部分。标题是否具有吸引力，将直接影响文案点击率的高低。因此，要想文案达到较高的阅读量和点击量，就必须提高标题的吸引力。一般来说，文案写作人员可从真实，有趣，有痛点、痒点和用语通俗化四个方面来提高新媒体文案标题的吸引力。

1. 真实

真实是新媒体文案写作的第一准则，撰写者必须通过标题让用户准确地接收到文案想要表达的信息，这样才能与用户建立真实、稳定的联系，增强用户的凝聚力。

新媒体文案的标题要与文案内容相一致，要传递给用户一定的情绪价值，与用户产生情感上的共鸣，吸引用户阅读。如标题《世界上最浪漫的事，就是和妈妈一起变老》，充分体现了母爱的温馨。母爱是人们生活中的重要组成部分，也是我们心灵的归宿。说起母亲，我们总有很多美好的回忆，那是我们内心最柔软的部分。这样的标题能够迅速引起用户的共情，吸引用户阅读。

新媒体文案的标题要与文案内容相一致，要传递给用户实际的意义或内容。如标题《治疗颈椎病的 5 个动作，快分享给爸妈》，这样的标题很好地体现了实际效果，能得到用户的认可和关注。正文针对老年人颈椎经常出现的问题，给出了 5 个有助于其康复的动作及操作详解，根据文案进行操作后确实缓解了颈椎的不适，文案的标题和内容一致，且具有实际意义。反之，如果新媒体文案的标题与实际内容不符，很容易让用户产生被欺骗的感觉，甚至会使用户感到愤怒，进而取消关注。例如，文案《我的瘦身小妙招，免费教给你》，正文提到的小妙招总结起来其实仅仅就是“节食”，并没有更科学的方法。这样的文案会让用户感觉受到了欺骗，进而产生对撰写者、产品、平台的不信任感，丧失兴趣。

2. 有趣

如果说真实是新媒体文案标题的首要要求，那么有趣就是标题吸引用户注意力的重要因素之一。现代社会人们的生活节奏比较快，生活压力大，因此放松时喜欢看幽默、有趣的文案，以缓解压力。撰写者可根据文案的主要内容，结合标题的相关写作方法，将文案标题以幽默、有趣的语言展示出来。

例如，《抖音忘我，快手快乐，网易雅痞，腾讯和阿里是两个不同时代的人》《有“锂”讲得清》（某手机电视标题）等标题，比较容易引起用户的兴趣。反之，一个讲述不同新媒体平台的文案，以《我眼中的微信、微博、抖音、快手和今日头条》为标题，虽然遵循了真实的原则，但无法引起大多数用户的注意。

3. 有痛点、痒点

痛点挖掘是实实在在地解决用户的问题，真正满足用户的需求。新媒体文案写作，需要在了解用户的基础上，对用户画像有一个初步的感知，并形成初步的用户模型，然后深度挖掘用户的痛点，以痛点触及用户，通过文案帮助用户解决生活中的困难和痛点。在创作标题时，文案创作者需要找准文案的关键点，找准与用户切身利益相关的关键信息，使文案标题本身就具有一定的信息量，能够满足用户需求，从而使用户继续阅读、查看文案全文。

例如，《安踏 59 元！李宁 3 折！美到爆炸！我全都要！赶紧买买买！》就是利用数字直接阐述用户可以得到的利益，以此抓住用户痛点，增强标题的吸引力。《如何快速玩转直播 + 短视频》《抖音快速涨粉的十个办法》等通过提出切实可行的办法，能快速吸引进入新媒体领域的初学者的注意力，能引起他们的共鸣。

痒点是对美好生活的追求，是文案标题要传递给用户的真善美的感情，或者是唤起用户对美好的向往。《我和采茶美女的邂逅》（某茶叶文案的标题）等文案标题均能激发用户对美好生活的追求。

4. 用语通俗

用语通俗是指标题的语言尽量通俗易懂，以降低用户理解标题的难度，帮助用户节约阅读时间，给用户留下较为正面的印象。标题切忌使用专业词汇或晦涩难懂的语言，这会加大用户理解的难度，使其放弃阅读正文内容。例如，以《感君为我择礼》作为文案标题，会给人一种过于严肃、正式的感觉，进而使用户产生抵触心理。而以《19 年的等待，一份让她泪流满面的礼物》作为文案标题，则会让用户感觉更亲切，更愿意阅读文案正文。

5. 控制字数

标题要简洁凝练，重点反映文案的中心思想，切忌用长句做标题。标题字数一般以 5 ～ 15 字为宜。

6. 有创意

现在新媒体平台的很多文章内容千篇一律。在这种情况下，设计一个别具一格的标题，无疑会吸引用户的眼球。因此，标题要有创意，不能太过平庸。例如，采用《父亲节，打开父亲的心结》作为标题，就比采用《父爱如山》《说出对父亲的爱》作为标题更有“爆点”。

4.1.3 标题的写作方法

1. 数字化

数字化标题，是将正文的重要数据或文章的思路架构整合到标题中，充分发挥数字的作用的一种标题创作方法。数字的量化陈述，能够将宏观的、不具体的概念变得具体、可感知。这种标题一方面可以通过吸引眼球的数据迅速引起用户的注意，另一方面还可以有效提升标题阅读的效率。

常见的数字化标题如下。

充电 5 分钟，通话 2 小时
3 招学起来，让孩子轻轻松松吃饭
4 个微信小技巧，职场人一定要学好

标题“充电 5 分钟，通话 2 小时”中的 5 分钟和 2 小时，可以让用户感受到明显的反差对比，强化了用户对充电时间短、通话时间长的迫切需求。

2. 提问式

提问式标题是指用问题作为标题，以吸引用户的注意力，引导用户对该问题进行思考，并使其产生想要查看文案正文的想法。但值得注意的是：标题中提到的问题，应从用户关心的利益点出发，从用户的痛点、痒点出发，这样才能引起用户的兴趣，不然很可能让用户产生“与我无关”的想法；标题可以是反问句、设问句，也可以是疑问句。

常见的提问式标题如下。

为什么“90 后”男生越来越不想结婚了？
还有这种洗发水广告？
比“双十一”还大的折扣？我怎么才知道！

在提出问题的同时设置悬念，将文案中最能够引起用户注意的内容，先在标题中铺垫出来，使用户产生好奇心，并引起用户深思，从而阅读文章内容。使用这种类型的标题，一定要确保文案中的内容和标题前后呼应，确实能让用户感到惊奇、有悬念，否则用户会失望、不满，从而对新媒体账号产生质疑，不再继续关注。

3. 号召式

号召式标题是用鼓动性的话语号召用户做出某种决定或行为。这种标题的语言要具有暗示性和指向性，能让用户感受到语言的鼓舞性，能做出标题要求的某种行为。这种标题也可以运用格言、名言。需要注意的是，在宣传一些正面的价值观、让用户积极行动时，才可以进行号召。

常见的这类标题如下。

是姐妹就买这个！

每个宅家的人都要学会这道电饭煲美食！

春天，和自己来个浪漫约会吧！（文案内容是某香水）

号召式标题的文字要有力量，言简意赅，能在无形之中打动人、鼓舞人。文字力求委婉，不要让用户感觉到胁迫。

4. 名词背书

互联网时代，信任先行。大多数用户在浏览文案时，会优先考虑亲朋好友推荐的账号、专业人士的账号、某一领域权威人士的账号。出于对朋友、专业人士、权威人士的信任，用户会快速认同他们的观点，进而关注他们。这里的名词主要指知名的词汇，比如名人、明星、知名景点的名字等，标题中出现这些用户熟知的名词，能提高用户的心理期待。

常见的此类标题如下。

北京三里屯和成都太古里的 10 个魅力共同点

吴 ××：电影应坚守初心，参与到弘扬正能量中

钟南山谈健康秘诀：有追求的人才会健康长寿

标题中加入名词背书，能够增强文章的说服力和权威性，能吸引更多的用户，但要注意标题中的名词要与文案的内容相匹配。

5. 热点式

热点是比较受广大群众关注、讨论的新闻或信息，或某个时期引人注目的地方或社会问题。如体育赛事、热播影视剧、热销书籍等，都会在一段时间成为讨论的热点。

常见的此类标题如下。

七夕节到了，这里是给女朋友送礼物的温馨提醒

不想当职场“邱莹莹”，Excel 这些快捷键你必须会

星巴克这样点，省出一个 LV 包

在创作标题时，应该思考当下有什么热门话题可以借用，文章内容是否与热点相关联，可以从不同的角度参与话题的讨论，也可以以热门事件开篇，然后再切入正题。

6. 反差对比式

反差对比式是将两种产品或者事物放在一起进行对比，从而突出一方产品或事物的优势，同时加深读者对该产品或事物印象的一种标题创作方式。这是一种很实用的文案标题编写方法。

在对比式文案标题中，撰写者还可以加入其他类型的标题创作方法，这样能使标题更具吸引力。在运用对比式标题的时候，一定要注意文中内容要与标题相符合。

常见的此类标题如下。

女生化妆前后对比，堪比换头

做最好的自己，能遇见最好的别人

失去双腿的他，跑得比任何人都快

数字对比、矛盾对比等方式可突出具有差异化的内容，能增强标题的戏剧性和悬疑感。具体做法是把文章的主题提炼成一句话，然后置换其中的关键性概念，更改其表达的方式。

7. 场景式

根据用户的需求，设定相应的场景，将其迅速带入被营造的场景中，使其感同身受，产生情感上的共鸣。

常见的此类标题如下。

一段小小的视频，上百万人看哭了！

饿了别叫妈，叫饿了么！

这家温情特色店，强烈推荐给你！

营造的生活场景要贴近生活、接地气，要用日常化的语言进行表达。创作时可以在标题中加入情感体验的语言，如“激动”“兴奋”“美好”“烦恼”等，或者是“强烈推荐”“快点来”等行为类关键词。

8. 稀缺式

稀缺思维是哈佛大学著名经济学家塞德希尔·穆来纳森在2013年提出的观点，其核心是大脑会将一切资源集中在最紧迫的需求上。以商场为例，发出“即将售罄”“今年最低价格”“只剩最后5件”等信息后，通常会引起消费者哄抢，新媒体文案的标题也可以运用这种方法，提高阅读量。

常见的此类标题如下。

短视频制作课件马上要涨价！

这篇文章即将删除，不看亏大了！

快领，新媒体文案课件优惠券明天过期！

对于稀缺式标题，用户会在短时间内就做出是否阅读的决定。

9. 专业式

专业式标题是指在标题中嵌入某个领域的专业词语，使文案看起来更加专业，更具专业价值。这种专业式标题能够吸引那些与专业领域相关的读者，从而达到精准吸粉的目的，这类读者群能够给新媒体平台带来更大的价值，而且他们的追随度也会比其他的粉丝更高。

常见的此类标题如下。

计算机中的主要程序设计语言

临床上常用的医学专业术语

Excel这些快捷键你会吗?

但是这种专业性标题相对于其他类型的标题来说，其关注度偏低。因为其专业性使得受众范围变小了。但是对新媒体文案撰写者来说，这并不是一件坏事，宁缺毋滥，就是对这种现象最好的解释。

4.1.4 标题写作的误区

1. 杜绝“标题党”

有不少人喜欢用标题来吸引用户的眼球，误导用户对标题或正文内容断章取义，这就是我们常说的“标题党”现象。这样的标题为吸引用户不择手段，并非长久之计。

2. 勿夸大其词

标题应与文章的价值相符合，不要在标题中刻意夸大文案所阐述的事实和道理。对于这样的文章，即使读者读了，也不会赞同，华而不实是最忌讳的。

3. 关键词选择

关键词的选择要与文案实际所展示的内容有相关性。一些文案撰写者为了让自己的文案标题变得更加有趣，就在标题之中使用一些与文案内容没有太大相关性，甚至根本没有关联的一些词汇，想以此达到吸引读者注意力的目的。

在新媒体文案标题的撰写过程中，词汇的使用一定要与文案标题和内容有所关联，撰写者不能为了追求标题的趣味性就随意使用无关词汇，而应该学会巧妙地将词汇与文案的标题紧密结合，使词汇和标题内容相互照应，只有这样，才算得上是一个成功的文案标题。

4. 表述含糊

作者在撰写新媒体文案的标题时，要注意避免为了追求文案标题的新奇性而出现表述含糊的现象。很多撰写者会为了使自己的文案标题更加有吸引力，一味地追求新奇的文案标题，最终导致文案标题的语言含糊不清。

含糊是指语言不确定，表达方式或表达的含义模棱两可。新媒体文案标题表述含糊，是指如果读者只看标题，就完全不知道作者想要说的是什么，完全没有重点，从而放弃阅读。

因此，在撰写新媒体文案的标题时，文案标题的表达要清晰，重点要明确，要让读者在看到标题时，就知道文章大致讲的是什么。一般来说，文案的标题要想表述清晰，撰写者就要找准文案的重点，明确文案中的名词，如人名、地名、事件名等。

5. 负面表述

真、善、美是人们追求的共同目标，是我们在生活中都愿意接受的美好事物。新媒体文案的创作者在撰写标题时要尽量避免负面的表达，尽量用积极向上的表达方式，将正能量传递给用户，这样才能在维护老用户的基础上不断吸引新用户。

4.2　新媒体文案开头的写作

新媒体文案开头的重要性仅次于文案的标题。一个精彩的开头能够增强用户的阅读兴趣，吸引用户继续阅读文案正文。可以说，好的开头是文案成功的一半。

4.2.1　新媒体文案开头的写作要求

1. 语言精练

用户点击标题后，如果发现文章的开头并不能激发自己阅读全文的欲望，就会选择离开。

现代社会是一个碎片化阅读的时代，用户在有限的时间内阅读，一目十行，所以文案的开头应直接点出文章的主题，同时要从用户的角度出发，用简单易懂、最具场景化的文字进行输出。

2. 注意节奏

开头的整体节奏尽量要快，要通过快节奏调动读者的兴趣，多用清晰的短句，让内容叙述更加紧凑，要有清晰的逻辑，注意在合适的地方换行。

3. 定位明确

开头逻辑一定要清晰，观点明确，这样才能把用户带入文章描述的场景中。开头部分可以展示出文案最核心的关键词或关键点。

4. 兴趣引导

文章内容应不断地调动用户的兴趣，持续吸引读者的注意力，让用户能够持续地阅读。文章开头就需要立刻打开用户的这个认知缺口，激发其兴趣。

课堂讨论

1. 寻找点击率高的新媒体文案，分析文案开头的写作特点。
2. 你常用的文案开头写作方法有哪些？

4.2.2 新媒体文案开头的写作方法

1. 开门见山

创作者在文案第一段就将自己的观点直接表达出来，不隐藏，不铺垫，不设悬念。新媒体文案的创作者在使用这种方法撰写正文开头时，可以运用直接、朴实的语言，尽量使用单句，不使用晦涩拗口的语言，不故弄玄虚。

有人说："人生就像日历，过去一天，就要撕掉一页。"一个人如果总是把过往的琐事积压在心头，不断地去咀嚼，那么，他就会越活越累。真正厉害的人，往往具备"快速翻篇"的能力，所以，他们能够摆脱无谓的羁绊，轻装前行。

在使用这种开门见山的方式写文案开头时，要注意正文的主题或者事件必须足够吸引人，能快速吸引受众，否则就不要使用这种方法。

2. 幽默诙谐

幽默是以愉悦的方式表达人的情感，拉近人与人之间的距离，是与他人建立良好关系的有效工具。新媒体文案的创作者如果能很好地将这一方法运用到文案开头的写作中，肯定会吸引到用户的注意力，从而获得较高的阅读量。

很多企业会在公司文案的开头运用幽默、诙谐、有趣的语句讲案例、讲故事，以便给用户提供愉悦的情绪价值，引起用户的阅读兴趣。

3. 故事型

新媒体用户在阅读文案的开头时，都不喜欢说教式的语言。我们的生活中有许多富含哲理的个人成长故事，运用这样的故事作为开头，用户没有阅读压力，也可以直接把与正文内容相关的要素融入故事中，以吸引读者。

4. 引用名言

名言名句中蕴含着深刻的哲理。名言包括谚语、格言、警句等，涉及生活、事业、爱情等多方面，闪耀着理性的光辉，具有引导、激励、警示、劝勉、启发等作用，用户耳熟能详，易于接受。

在知乎"有哪些适合学生的风衣？"的问题下，有一位答主以"授人以鱼，不如授人以渔"作为开头，给出答案，并利用水印图片吸引用户关注其微信公众号。

5. 图片型

文案开头放一张图片。图片直观呈现，与文字相结合，能增强文章的表现力，吸引用户的注意力。恰到好处地运用图片能够让文案更生动，达到较好的表达效果。（图4-1）

图 4-1　图片型

（图片来自公众号“泽平宏观”）

4.3　新媒体文案正文的写作

正文是新媒体文案的主体，是对文案标题的拓展，是对文案核心内容的详细阐述和展开说明，是向目标用户进行内容展示和说服目标用户阅读、浏览的部分。正文一般由文字、声音、视频、语音等内容组成。

4.3.1　新媒体文案正文的写作原则

1. 突出中心要点

正文的创作要从用户的角度出发，突出用户的需求，不需要面面俱到，只需要紧紧围绕用户的核心需求和文案的主体来呈现，避免对用户进行单向的信息灌输。

2. 语言灵活

新媒体文案的语言可以不拘一格。根据主题的需要，可以活泼、严肃、俏皮、幽默、风趣、深情、激烈，只要是正能量的表达，能吸引用户的注意力，就可以使用。

3. 条理清晰

正文要脉络分明、条理清晰。将具体内容按照一定的逻辑顺序进行梳理、表达，保持语句通顺，结构完整。

4. 情绪价值

通过文案传递给用户某种情感，使用户的情感与文案所要表达的情感产生共鸣，吸引用户阅读和浏览。

4.3.2 新媒体文案正文的表现形式

1. 文字式

文字式是新媒体文案创作使用频率较高的一种表现形式，如微博长文、公众号文案等，其内容均以文字为主，有时会搭配少量图片。采用这种表现形式，要注意排版的美观和中心内容的呈现，可以通过合理设置段落结构、字间距、行间距、字体、字号、字色，确保文案内容详略得当、结构清晰。

2. 图片式

图片式文案主要是海报文案和 H5 文案。这种文案对美观性、图片创意、用户吸引点设计等的要求比较高。（图 4-2）

专业美观度是图片式文案的基础和重点，要选择一个适合的模板或由专业人员进行设计，以保证效果。海报的吸引点是核心，要根据用户的需求来确定吸引点，以实现图片文案的宣传和转化效果。

3. 图文结合式

图文结合式也是新媒体文案使用频率比较高的一种形式，在文字的基础上添加图片，图片配合文字起到解释说明的作用，同时给用户带来视觉上的美感和冲击，与文字相辅相成。一篇文案采用的所有配图风格要统一，推荐使用横长图片，可通过添加边框等方式提高清晰度。图片的质量要高，不能有水印、尺寸不足等问题。图片的配色要统一，不建议使用饱和度较低的颜色或排版工具默认的颜色。

图 4-2　图片式新媒体文案

4. 语音式

随着人们生活节奏的加快、生活方式的转变，很多用户没有时间完整阅读文字式新媒体文案或不方便、不喜欢阅读文字，因此，语音式文案越来越受到用户的认可，从喜马拉雅 App 的发展中便可见一斑。而且，微信公众号、社群等都具备发送语音文案的功能，因此部分文案创作者会将新媒体文案录制成语音，发布在新媒体平台上，以便让用户倾听。（图 4-3）

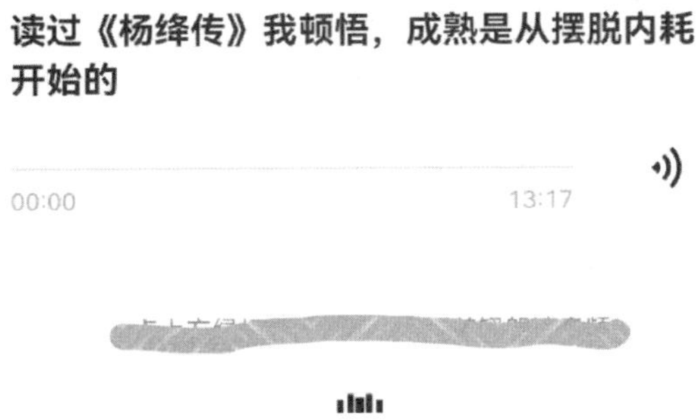

图 4-3　语音式新媒体文案

语音式文案创作可以借助于录音软件、剪辑软件等进行语音的录制、剪辑，然后再发送到公众号、社群等新媒体平台上。

5. 综合式

为了追求更好的表达效果，新媒体文案出现了包含文字、图片、语音、视频等多种内容的混搭表现形式。这种表现形式内容丰富、形象生动，富有吸引力。图片和视频主要对文案进行解释、补充、说明，用户可以更全面地理解文案内容。（图 4-4 和图 4-5）

图 4-4　综合式新媒体文案（一）

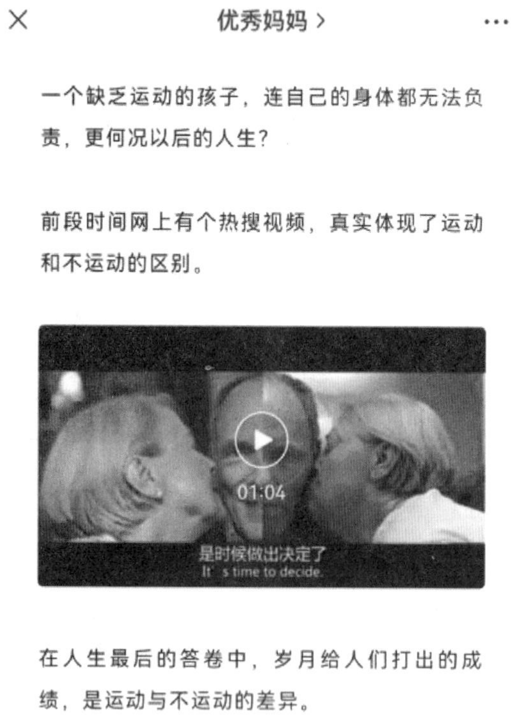

图 4-5　综合式新媒体文案（二）

4.3.3　新媒体文案的正文结构

新媒体文案的创作者需要以清晰的架构向用户展示自己的观点，让用户看懂、读懂。新媒体文案对文采的要求不是很高，只要用户喜欢即可。所以，新媒体文案重要的是写作思路，创作者要用清晰的思路阐述自己的观点。

1. 总分式

新媒体文案比较常见的结构有“总—分—总”式。其中，开头的“总”是文案在开篇部分的总起或总结，起到点明主题的作用；“分”是在主体部分将中心论点分为几个横向展开的论点，并一一进行论证；最后在结论部分进行归纳、总结或进行必要的引申。（图 4-6）

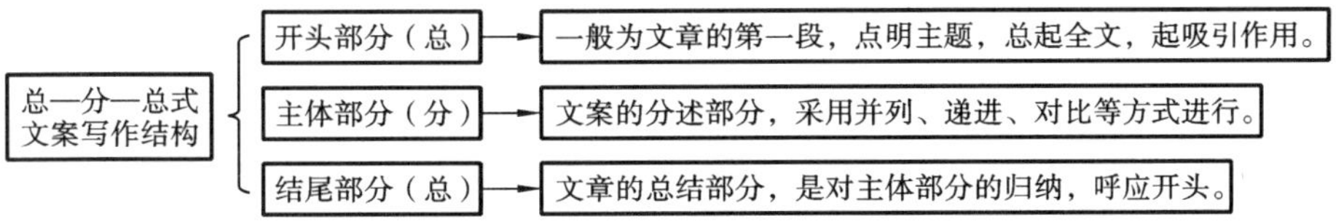

图 4-6　总分式文案写作结构

课堂讨论

寻找符合“总—分—总”结构的文案，并进行讨论分析。

2. 抑扬式

“抑扬”就是对所表现的事物，欲扬之，先抑之；欲抑之，先扬之。这样不但可以增加文势的变化，而且还能突出事物的特点或人物思想情感的发展变化。一篇文案，如能运用抑扬法，就能做到千回百转，避免平铺直叙，使文案产生艺术魅力。

以下是两篇文案的对比，前一篇平铺直叙，后一篇采用了欲扬先抑的手法进行改写。

● **案例**

原文：我是个农村的孩子，家里经济条件不好。平常住校，周末回家。在返校前，妹妹一边往我的菜瓶子里装菜，一边偷吃菜里的肉丁。我怨妹妹嘴馋，妹妹说：“姐姐，你不在家，我们只吃小菜。你一回家，妈妈总是割肉买鱼，给你补充营养，要是你天天在家该多好啊！”

改写：周末回家的时候，邻居阿姨大老远去接回家的女儿，嘴里还“心肝宝贝”地叫个不停。而妈妈通常对我只是笑一笑，我心里一直很不是滋味。返校前，我发现妹妹在给我装菜时偷吃菜里的肉丁，我顿时火冒三丈，但妹妹的一句话让我羞愧难当：“姐姐，你不在家，我们只吃小菜。你一回家，妈妈总是割肉买鱼，给你补充营养，你还又吃又往学校带。要是你天天在家该多好啊！”

以上两个片段都是颂扬母爱，原文就事写事，并没有引起读者强烈的情感共鸣；改写后先抑后扬，文章显得曲折生动，给读者留下了强烈的印象，增强了文章的感染力。

抑扬式文案采用先抑后扬的方式，让用户产生反差感，这种反差感可以在用户心中留下深刻的印象。

3. 故事式

一个生动的文案故事，能够拉近与用户的距离，让用户沉浸其中，并产生代入感，留下深刻的印象。

● **案例**

有了你，非旺不可！

有了你，非旺不可！

入冬了，街上的行人似乎也少了，只有小菲迈着沉重的脚步缓缓行走，她不知道自己要去哪儿。工作五年了，她似乎要撑不住了，除了不想去面对父母各自再婚的家庭，其他事情也都赶到了一起。这到底是为什么啊？

小菲毕业之后找的第一份工作其实不错，是在机关单位里做文职，只是没想到外貌和身材较好的她却被最高的领导欺负了。不甘堕落又不敢告诉父母的她只好出远门打工，一心只想到一个陌生的城市找个公司上班。谁知现在的公司都有那么多的工作要求，辛苦工作了两年多，小菲换过两家公司，可是到最后远比自己想象的收入少。后来，小菲看到别人开店做生意很挣钱，于是就把自己所有的积蓄拿出来跟男友合伙开了一家店。店是开起来了，但是他们都不懂得如何经营加盟店，她每日不停地干活，但她的男友一点儿上进心也没有，只是每天坐在一旁玩电脑游戏。她每天挣的钱还不够给男友玩游戏，时间一长，她的情绪爆发了，跟男友分手了，店也关门了，还因为违约赔了加盟费，店里的工具设备也只好低价转让了。

也许你会以为这是个倒霉蛋的故事，小菲就这么以失败告终了，但事实并不是这样，这个故事才刚刚开始。

这一年的冬天好像特别冷，小菲本来就是娇小型的体格，在冬日的寒风下，似乎随时可能被刮跑，她在这个新选择的陌生城市里刚安顿下来。她不知道自己应该往哪里走，她并不想认输，想要从头开始，但又没有方向，这种感觉让她真的很痛苦。

她只能这样漫无目的地到处走，当走到一个十字路口等红绿灯时，她的嗅觉突然有所反应，她闻到一股香甜的味道从不远处飘过来，环顾四周后小菲看到了旁边的一家小店，门头招牌只有三个字——“麦淇卡”，因为对那股味道和店名好奇，她走进了这家店。

这是一家中西合璧的时尚快餐店，简约的装修风格是她喜欢的，室内的灯光和整体的设计也非常和谐。

她很自然地坐了下来，打算歇歇脚。一个小伙子面带微笑地向她走来，并递给了她一份点餐单。她没好意思拒绝，或许是自己走累了，确实口渴了，她觉得点杯饮料喝也是可以的。看着菜单，她发现这里一个套餐的售价居然只要10元，里面有汉堡、鸡翅，还有她喜欢的原味奶茶。她到吧台点了餐，回到座位上听音乐。食物端上来了，她开始品尝，貌似很好吃，她的脸上流露出幸福的表情。她不经意瞟到了放在桌子旁边的一张广告单，上面写着加盟的广告信息，只是一页纸，她看了又看，最后拿起手机拨通了加盟电话。接下来就是她和电话里的客服一问一答的声音，他们聊了很久，直到最后她脱口而出：“我要加盟！”或许是最后这句话声音大了，引起了刚才送点餐单的男孩的兴趣，他走过来，坐到了她的对面。

“你也想加盟吗？”

“嗯，很有兴趣，客服帮我分析得也很清楚。我相信我可以做到。”

“这个小店是我加盟的，我叫小旺。虽然总部给我配备了齐全的设备，也培训了技术，带店的师傅看着配方也能做出来色香味俱全的食物，但是，我的小店生意还是如此冷清，怎么就旺不起来呢？”

小菲之前做过很多销售方面的工作，一听到小旺的抱怨就知道肯定是店里的经营管理出了问题，随后仔细想了想，自己有经验但没有资金，而小旺正好有这样的条件，她马上就生出了与他合作的念头。

因为小旺太希望小店的生意能好起来，便把现在店里的所有状况都说了出来，小菲也帮他分析了很多销售方面的漏洞和错误方式。接下来的几天，小旺把小菲带到了公司总部，让小菲接受了一对一培训。

时间过得很快，小菲在小旺的帮助下，顺利通过了技术考察。接下来，她给小旺提了很多销售方面的好点子。就这样，这个原本冷清的小店，真像它的名字“麦淇卡”一样，竟“魔术”般的热闹起来。

故事的最后有个完美的结局，小菲结束了她倒霉蛋的生活，小旺的创业也不再盲目，而且他们彼此之间也产生了感情。这也许就是“麦淇卡”的魔力，非旺不可！

（选自公众号萌宠鲜粮，有改动）

4. 片段组合式

片段组合式布局又称为镜头剪接法，是指根据表现的主题的需要，选择几个典型、生动的人物、事件或景物片段组合成文。主题是文章的灵魂，是串联全部内容的思想红线，因此，所选的镜头片段，无论是人物生活片段、景物描写片段，还是故事片段、抒情片段，都要服务于主题。

例如，微信公众号文案《湾仔码头春节营销：来！看神仙打架》，就是片段组合式的结构，文案从“独创新口味产品 用美味俘获年轻胃”“传承中华文化，老故事用‘新’说”“非遗新生，妙手回‘潮’”“线上线下，全面渗透”4 个片段，来说明湾仔码头新年营销的重点和新意，突出了品牌的定位。以下是湾仔码头春节营销微信公众号文案的节选内容。

● 案例

湾仔码头春节营销：来！看神仙打架

今年春节营销大战已然收官，各大品牌各出奇招，纷纷希望在这个传统广告营销的重要节点上，成为最吸引眼球的那一个。从邀请明星，到豪掷上亿红包雨，虽有收效，但大多重复往年套路。

然而，有些品牌却可以走出不一样的创新道路。传统国民品牌湾仔码头，在这个春节，将代表“国”的中国传统文化，和代表“潮”的年轻人口味互相碰撞，刷新了“国潮”新年味。让我们看看湾仔码头究竟如何让“神仙打架”。

独创新口味产品 用美味俘获年轻胃

国味 × 潮味

“绝代双椒”水饺，太上头了！

想要品牌走红，第一步是产品升级，毕竟招人爱的产品是销量的基础。

想抓住年轻人的心，得先抓住年轻人的胃。中国新年，最离不开那一碗水饺：年味，便是那饺子味。

要说当下最受年轻人欢迎的味道，“辣”味当之无愧。“辣”不仅是一种味道，更成为一种社交技能，只要你能吃辣，我们就是好朋友。因此，为了契合当下人“火辣”的性格和口味，湾仔码头从“辣”出发，为此次新年研发推出“秘制香辣味”和“藤椒川辣味”两款“绝代双椒”口味的水饺。这一打破传统的创新升级，不仅受到了年轻人的喜爱，更代表了品牌在逐渐向年轻化转变。

传承中华文化 老故事用“新”说

国神 × 潮神

财神变潮神，春节最靓的仔

水饺又被称为元宝，湾仔码头这次不仅将过年吃水饺这个习俗和迎财神结合起来，更是契合当下年轻人的“街头”潮流文化，将财神进行了一次形象大改变，进一步拉近了与年轻人的距离。

在这个全民娱乐的时代，传统文化都在积极力求改变，而湾仔码头这次敏锐洞察，积极拥抱时代的变化，将传统文化和现代玩法相结合，将旧元素玩出了新组合，不仅“创新”，更要“创旧”。

社交媒体海报教你打开红火好运六大招。有趣的文案加上新潮的财神形象，更让大家刷屏社交平台。

“财神”这一形象只是与消费者拉近距离的一个载体，想要深入达到“国潮”的内核和本质，做出有特色的“国潮”文化，仅仅创新一个传统文化的形象当然远远不够，所以，湾仔码头这次走红之路的重头戏都放在了下面这波走心的操作。

非遗新生，妙手回“潮”

#国匠 × 潮艺#

湾仔码头 × 腾讯《国潮手艺人》

以国为潮，以匠为心

真正意义上的“国潮”品牌，应该以国为潮，真正做到让民族文化成为新时代的潮流。所以，这次除了开发产品味道和创新财神形象，湾仔码头更进一步深入发扬“国潮”，将真正的“国潮”发挥到了极致。

“国”是老手艺的魂，“潮”是不安分的心。在这个传统文化年俗逐渐没落，正被年轻人遗忘的时代，湾仔码头值此新春佳节之际，和腾讯视频合作，独家冠名推出一档聚焦非遗传承人创变的纪录片——《国潮手艺人》。力邀人气偶像SNH48冯薪朵和国风少年陈梓铭等新青年代表成为节目的国潮“特派员”，亲临不同城市，探寻8位新潮又硬核的非遗传承人，向面塑、灯彩、金镶玉、剪纸等不同领域的非遗传承大师学习，一起找回将消失的年俗传统。

当老手艺和新理念相碰撞，当匠心与潮流相融合，在趣味中创造出新的国潮文化，诠释什么是真正的“国潮”精神。

湾仔码头此次作为国潮文化的传播同行者和推动者，不打情怀牌，不标榜自己的身份，不跟风跨界，在传承与创新、经典与潮流之间，以民族文化为根，大力扶持非物质文化遗产，让传统手艺与流行文化碰撞出新的火花，做出了一档有灵魂的“国潮”节目，扎扎实实地发挥了老字号的精神。

线上线下，全面渗透

#国红当潮#

线下吸睛爆表，线上话题引爆

配合着新品、新形象和《国潮手艺人》节目的上线，为了实现品牌和产品的全面曝光，湾仔码头此次线上线下齐发力。线下利用高流量地铁站，展示国潮手艺人的作品和我们的国潮财神。线上有触及年轻人的小红书……

感谢湾仔码头这波春节款待。

5. 三段式

三段式比较适合营销类文案，它主要由三部分组成。

第一部分：开门见山地提出要解决的问题或观点，或者把时间、地点、人物和主要事件及时点出。

第二部分：摆出事实或提出论据，或者写出事件的发展过程及相关细节。重点在于描述事件的“原因”。

第三部分：针对问题或事件，发表观点。

6. 递进式

递进式是层层递进的正文结构，围绕用户的问题层层剥开，在论证的过程中，按照特定的顺序将内容层层铺排，步步深入，环环相扣。这种文案要求逻辑严谨、思维严密，重点在递进关系的呈现上，内容的前后逻辑关系和顺序不可随意颠倒。

这种正文结构适合论证式的新媒体文案，常以故事体和议论体的形式出现，重点在于论证的部分要说服用户。文案正文层层递进的布局主要有以下 4 种。

（1）从现象到本质。

（2）从事实到道理。

（3）从“是什么”到“为什么”再到“怎么样”。

（4）讲道理时层层深入。

● 案例

用豆浆代替牛奶的无奈

我的孩子陶陶上小学三年级，是全家人的宝贝。现在生活条件好了，吃的、穿的、用的，我们都尽量给他最好的。为了全家人的身体健康，我们一直订牛奶，唯独陶陶从小就不爱喝牛奶，一闻奶味就恶心。

一开始我以为只是孩子不习惯，可后来他喝了几次后竟出现拉肚子的情况，我就再也不敢给陶陶喝牛奶了，只好以豆浆代替。

后来，我从报纸上得知“兴兵百万捉拿不能喝牛奶的人——中国乳糖不耐受免费检测”公益活动要在湛江举行，就带陶陶去参加了检测，想知道究竟是什么导致孩子出现恶心、拉肚子的不适反应。最后，检测结果是典型的“乳糖不耐受”！（在人体乳糖酶缺乏的情况下，牛奶中的乳糖不能被吸收，结肠的乳糖浓度增加，厌氧菌产酸、产气，从而引起腹胀、肠鸣、腹痛、腹泻，这种现象在医学上被称为“乳糖不耐受症”。）

我听专家说要改善乳糖不耐受症，让孩子喝上营养丰富的牛奶，做父母的要发挥主导作用。首先父母要清楚地认识到牛奶本身没有问题，是孩子在身体吸收方面存在障碍，不能因此就放弃有益于身体健康和大脑发育的牛奶。

其次是要选择合适的奶品给孩子饮用。如低乳糖的牛奶，它大大降低了牛奶中的乳糖含量，减少了消化所需要的步骤，减轻了孩子肠胃的负担，所以就算是乳糖酶缺乏的人在饮用它之后也不会出现腹胀、腹泻等不适反应。另外，它还合理搭配了膳食纤维、胶原蛋白等营养素，让吸收不成问题，而且营养更全面。

同时，要提醒各位家长饮用量可以灵活。最初可以给孩子饮用少量的牛奶，随着时间的推移和孩子接受程度的提高再慢慢增加，由少到多，直到孩子喝奶不再有任何不适。

该案例是某牛奶的新媒体推广文案，文案首先指出“是什么”导致陶陶不能喝牛奶。其次提出“为什么”，是因为陶陶的身体不能完全消化牛奶中的乳糖。最后文案提出了解决办法，即可以慢慢喝乳糖含量低的牛奶。

● 案例

闺蜜："借我件衣服吧！"

我："在柜子里，看上哪件，送你了！"

闺蜜："怎么全是同一个牌子的衣服啊？"

我："你知道，我喜欢宽松的衣服，穿起来很舒服，我就多买了几件。"

该案例是一款卫衣的文案，以"闺蜜"和"我"对话的方式展开，对话层层推进，最终引出了卫衣宽松、舒服的特点。

4.4　新媒体文案结尾的写作

一篇优秀的新媒体文案，不仅需要一个好的标题、开头以及正文，同样需要一个符合读者需求的结尾。

1. 神转折式

神转折式是随着自媒体的发展而兴起的一种品牌曝光型文案，常见于一些有原创能力的自媒体账号。这些自媒体往往有较高的阅读量，有大量忠实的关注者，同时作者又有极强的原创能力。企业为了实现品牌推广，新媒体账号为了实现盈利，双方进行合作，在自媒体账号上推送带广告的文章。

文案创作者准备有趣又具有可读性的故事，让沉浸在剧情中的用户在结尾猝不及防地看到广告，借助神转折式的结尾让文案在用户心里产生震撼效果，让用户惊叹于文案创作者的构思独特，并在心中留下深刻的记忆。

● 案例

正文梗概：女主的手机通讯录存着已故前男友的号码，老公知道后却装作不知道。有一次女主出了车祸，在翻倒的车里她下意识地拨出了那个号码，但话筒里传来的却是老公的声音。老公告诉她："是我替换了号码，我知道我无法取代他，但我可以替他来保护你。"

文章结尾：不到 5 分钟，女主的老公赶来，他开着挖掘机把压在女主角上方的汽车挪开，女主获救了。

她老公是 ×× 挖掘机培训学校 2000 年毕业的学生，这个学校今年的招生计划是……

2. 总结式

新媒体文案的正文可以采用“总—分—总”的形式，因此文案的结尾部分其实也可以使用总结式的表达方法，对全文内容进行归纳，强调主旨，目的是加深读者的印象，让读者吸收更多的内容。

对于情感类或启发类的文章来说，一个总结型的结尾，相当于带读者回顾一遍整个故事，能让读者更清楚文章的核心观点。

● **案例**

童年的痛，弱小的我们通常无法承受，只能保存，而这种保存的过程，实际上就是神经症形成的过程。其实，神经症真正展现的那一刻，我们已经长大，那些扭曲的痛会以某种不可思议的形式展现出来。所以在我看来，苦难的童年是在为“神经症”播种。各种内心冲突的爆发，实际上是在给我们发出这样一个信号：你已经成年了，你拥有力量了，面对童年的伤痛，你不必再逃。

这个结尾，前半部分在总结文章，后半部分在呼吁，旨在给读者启发。

3. 金句式

金句一般是富含哲理的句子，流传比较广，被许多人熟知。全句不仅能起到警醒和启发的作用，还能深化文案的主旨，帮助用户深刻地理解、领悟文案思想，提高文案的影响力，使其得到更多用户的认可和支持。

● **案例**

修炼自己

奥地利诗人里尔克说：“当灵魂失去庙宇，雨水就会滴在心上。”这句话深度解析了人生在世修心修行的重要性。

如果说人生是一场修行，那真正的修炼不在山上，不在庙里，而在日常的生活之中。

红尘即道场，我们在悲喜得失间浮沉，在寻常烟火里泅渡，说到底就是为了寻求不同的生命体验，以及丰富的人生智慧。那么，想要获得幸福人生的钥匙，就要先懂得修炼自己。

修身在于正骨，修心在于养性；修智在于明志，修德在于积善。人除了皮相，还有内在的骨相，它体现在一个人的学识、谈吐、思想以及品德修养等。

俗话说：“天不言自高，地不语自厚。”越是成熟的稻穗，越懂得弯腰；越是胸怀宽阔、心有天地的人，越懂得谦卑。真正的智者，在走过沙漠，见过大海，攀过高山后，依然能够认清自己的渺小和浅薄，懂得以万物为参照，方可洞见一己之不足。

孔子云：“知人者智，自知者明。”智者不惑，不惑于心；明者不惑，不惑于行。这让我想到苏东坡跌宕起伏的一生，他从黄州贬到惠州，又从惠州贬到海南岛，在被贬海南岛的途中，又遭遇了妻离子散、家破人亡的悲惨经历，但他从未哀叹命运的不公和世态人情的薄凉，而是从容地活在当下。看清，是一种能力；看淡，才是大智慧。修心智，就应该像苏轼这般，宁可江海寄余生，也不愿随波逐流。

《世说新语》有言：“百行以德为首。”德者，得也。先有德，而后才能得到。做事先做人，为处事第一要义；做人先立德，为做人根本原则。人生一世，唯有德行，可立一生，凡事能做到“不以善小而不为，不以恶小而为之”。“鸟随鸾凤飞腾远，人伴贤良品自高”，所谓近朱者赤，近墨者黑，与品行高尚的人同行，也必有福报。好的德行是人生的底牌，是通往成功的秘钥。

喜欢作家三毛曾说过的一段话：“世间的人和事，来和去都有它的时间，我们只需要把自己修炼成最好的样子，然后静静地去等待就好了。”

作者：谷静（选自抖音）

4. 祝福式

祝福式是很多新媒体文案撰写者在结尾时使用的一种方法。祝福式的结尾能够给读者传递一份温暖，让读者在阅读完文案后，感受到新媒体平台的关心与爱护，是非常能够打动读者内心的一种文案结尾方法。图 4-7 是抖音平台使用了祝福式结尾的部分文案。

图 4-7　祝福式结尾的文案

5. 讨论式

许多新媒体文案创作者在结尾会根据文案主旨设定话题进行提问，以吸引用户围绕话题展开讨论，也是一种常用的结尾方式。设置有吸引力的话题有助于调动用户的积极性，并产生互动，提升文案热度。（图 4-8）

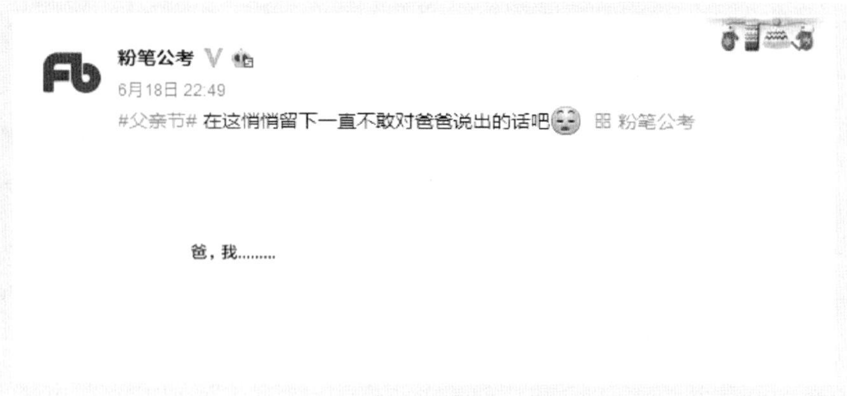

图 4-8　讨论式结尾的文案

课堂讨论

新媒体文案的结尾方式有很多种，除了以上结尾方式，还有哪些方式？

4.5　新媒体文案的排版

4.5.1　新媒体文案排版的三个原则

（1）简洁大方。

文案的排版不能过于花哨，让人在阅读的时候感觉眼花缭乱，简洁大方才是最合适的。文案排版是为了提升用户的阅读体验，过于复杂、色彩丰富的排版只会起到相反的效果。

（2）条理清晰。

排版的目的是让复杂的文章简单化，对文章内容进行分割，体现出文章的逻辑，让文章结构更加清晰，优化用户的阅读体验。

（3）突出重心。

在内容输出的时候，要注重文案的逻辑，用户很难从头到尾把文案读完，因此排版时要突出重心，突出需要用户注意的点，比如可利用小标题、重点字句、重点图片、视频等突出重点。

4.5.2　排版技巧

（1）字体和字号。

字体是文字的一种形式，比较常见的有楷书、行书、草书等。不同的新媒体平台设置的正文默认字体有所不同。同时，新媒体文案的撰写者也可以根据文案的内容来设置各种形式的字体，以便给读者带来新鲜感。

众多的新媒体平台几乎都使用系统默认的字体，如楷体、宋体以及微软雅黑等。那么，究竟应该如何设置字体才能给读者带来独一无二的阅读体验呢？以微信为例，重点内容可通过加粗或图片来展示。

给文案的内容选择合适的字号，也是新媒体文案撰写者在进行排版时需要考虑的一个问题。合适的字号能让读者在阅读文案时不用将手机拿得太近或太远，而且合适的字号能让版面看起来更和谐，更容易转发和传播。

根据经验，字号效果比较好的是 14px 和 15px，除了个别视力不佳的读者可能看起来有点吃力，其他的读者还是比较适应这些字号的。

（2）段落。

对文章内容进行分段是必要的排版手段之一。现在读者获取信息的来源一般都是手机，如果不进行分段，读者在手机上进行阅读时就会只看到密密麻麻的文字，顿时失去阅读的兴趣。针对手机屏幕的文案最好五行分一段，最多不能超过八行。

手机屏一般显示 20 行左右，因此一屏三四段的阅读体验比较好。段首可以不空两格，可以通过段落之间的空行来实现段与段的区分。

（3）配色。

颜色选择：不建议使用饱和度较高的大红、大紫、大绿等颜色，容易显得俗气。推荐使用饱和度较低的颜色或排版工具默认推荐的颜色。

颜色数量：建议全文最好只使用两种颜色，最多不超过三种颜色，正文、小标题、强调文字用一种颜色，小标题和强调文字也可以另用一种颜色。

（4）图片。

使用配图来分割文章的内容，有助于缓解读者阅读的压力，提升读者的阅读体验。

图片风格：一篇文章要求配图风格统一，这样才能形成统一的视觉效果，不会显得杂乱。

图片形状：推荐使用横长图片。比如，微信会对大图进行压缩，横长图片能够在压缩后充满显示区域的左右两侧，以达成尺寸统一的显示效果。

图片尺寸：选择尺寸较大的高清图片。如果图片尺寸较小，可以通过添加边框等方式减少显示区域，使整体显示更清晰。

图片质量：图片质量要高，不能有水印、尺寸不足等问题，更不能随意使用网络图片，以免侵权。

（5）模块化。

模块化即把文章的内容划分成不同的部分，然后进行分节，随后可以对每节内容设置一个小标题，让读者知道自己接下来要阅读的内容的主题。

把文章进行模块化处理有助于读者更好地理解文章，有助于减轻读者的阅读压力，避免因长篇大论而引起读者内心的焦躁。

（6）重点。

突出文章的重点，提升其对读者的吸引力，方便读者抓住重点，更快地获取文章内容。常用的突出重点内容的方式如下。

· 单独排列，加底色或者边框。

· 加粗标黑，字体加大。

· 使用特殊的颜色。

· 添加引导语。

（7）留白。

合理性的留白可以减轻读者的阅读压力，让读者有一个舒适、流畅的阅读体验，还有利于内容的呈现样式更加工整、美观。

本 / 章 / 实 / 训

1. 案例分析

这件奇怪的事，伤透了我的心。

他在书房里玩电脑，我在外面一直听见 QQ 的滴滴声，于是我好奇地走进去，他看了我一眼说：“破电脑老自动关机。”这时奇怪的事突然发生了，电脑真的关机了！

之后的一天晚上，我闲着无聊，就打开电脑戴上耳机听音乐。正好这时朋友打电话过来，他问我在干什么，我就说：“在用电脑听音乐，可就是这破电脑自动关机。”结果，电脑这时又关机了！

我大喊了一声："真见鬼了！"朋友在那边被我吓了一跳，问："怎么回事？"我就把情况说了，朋友告诉我，应该是电脑里装了什么程序。

我马上检查了电脑，发现语音程序除了播放器，也没有其他什么异常，而电脑屏幕上当时也只有千千静听在放音乐。朋友的话不禁让我思考是否是他隐瞒了什么。

当我准备要重装千千静听的时候，电脑屏幕上突然弹出了一个页面，页面上说：请问您卸载"××语音控制播放器"的原因是什么？下面是几个常规选项。我突然发现，原来我刚卸载的并不是千千静听，而是和千千静听有相同界面的一个播放器，它会在听到"破电脑自动关机"这句话时，就让他正在做的一切都隐形！在百度搜索里，我看到了这个"可恶的软件"所支持的功能，强大到让我目瞪口呆。我以为的可笑的"破电脑自动关机"这句命令，原来可以到网站下载源代码，然后就可以轻易地把那句话改成"亲爱的""辛苦了"等任何一句让你觉得贴心的话，实现的却是他对你的欺骗！

我把软件装回去了，可我的心却不能平静。我不知道他在隐瞒什么，我不知道为什么会有这类软件来帮助男人瞒天过海！

（源自碧波荡漾网）

静下心来好好思考，你与妈妈的差距到底在哪里。

一块月饼，有人只尝一小口就给另一个人吃，这是谁和谁？

一块月饼，有人吃得只剩一小口，才给另一个人吃，这又是谁和谁？

答案很简单：前者是妈妈和孩子，后者是孩子与妈妈。

妈妈尝那一小口月饼，只为知道月饼是不是变质，是不是太甜了而不适合孩子食用。当孩子给母亲那一小口月饼时，通常是因为实在吃不下去了。只有妈妈才会愉快地接受这一小口月饼，并喜上眉梢地伸出大拇指夸赞孩子。

妈妈与孩子之间的爱，不仅在吃月饼的时候会如此，在很多场景下，都是如此。无论是留给自己的，或是孩子给予的，妈妈似乎得到的总是那"一小口"，却总是会为此心满意足。

有谁知道这前后各一小口所体现的爱的差距有多大吗？

一份心意填补一个遗憾。

我们都有妈妈。当我们长大、成熟时，妈妈的鬓发白了，脸上的皱纹深了。平时，忙碌的生活、复杂的人际关系以及繁忙的工作，容易使我们感到疲惫，容易使我们健忘……

中秋节就要到了，美涯月饼想让那一小口的距离再近一些。

新蔡智慧生活商城——我们和妈妈盼你平安归来。

结合本章知识，分别对以上案例中的文案标题的开头的方法、正文的结构、结尾的方式进行分析，总结两个文案的优点和缺点。

生命柒 6+1：创环保新家装

日前，天盛装饰与以环保著称的生命柒合作，将生命柒旗下的环保内墙涂料纳入天盛装饰的产品体系中，这样，消费者在装修时，又多了一种选择。

据介绍，“生命柒 6+1”是一种新型多功能的健康内墙涂料，它不仅拥有普通优质涂料的主要功能，还突破性地具有室内空气污染治理的功效。“生命柒 6+1”中的“6”就是指它作为涂料所具有超强耐擦洗、超强抗污防水、强劲遮盖力、全面抗菌防毒等功能，而“1”则是指其可以有效地治理室内空气污染。

具体来说，生命柒具有三大卓越功能。第一大功能是祛除室内空气污染。它在室内空气污染超标 10 倍的静态环境下，在 96 个小时内，对甲醛、苯系物、氨等有害气体的祛除率可达 90%。第二大功能是抗菌抑菌，生命柒健康漆对大肠杆菌、金黄色葡萄球菌的抑菌率可达 99%，可预防多种疾病。第三大功能是释放负离子，生命柒还能长期释放负离子（700 ～ 2000 个 /cm^3），属于园林级别的空气中负离子浓度。医学界称负离子为“空气中的维生素”，它可以促进人体健康，改善人体的呼吸系统和肺功能，给血液增加溶氧量，能消除人体的疲劳，改善其睡眠质量等。

生命柒自面世以来，已经在首都国际机场 T3 航站楼、北京市住房和城乡建设委员会机关办公楼、北京市工商行政管理局、北京长安大剧院等 200 余项工程中使用，其功效得到了业界的肯定，得到了用户的一致认可。

（源自写手之家，作者：啸天）

分析该文案的正文结构，并尝试用其他结构方式进行改写。

前两天，我看见一则新闻，有一对夫妇的条件还不错，老公喜欢喝茶，不少友人给他送了很多茶。一天，这家的女主人想给忙碌了一天的老公做茶叶蛋。她发现大多数茶叶的包装都很精致，她觉得它们肯定很贵，就没敢用这些茶叶。后来她发现茶叶架的角落里有一包用牛皮纸包起来的茶叶，她猜想这包茶叶应该是普通的茶叶，于是就用它给老公做了一锅茶叶蛋。老公从外面回来，刚一进屋就闻到满屋的茶香，于是马上问老婆："你做的什么啊？这么香。"老婆说："为了犒劳你，专门给你做的茶叶蛋。"当老公看见茶叶蛋时立马脸色煞白，大喊道："你怎么会把我的'牛肉'当作煮茶叶蛋的辅料呢？"老婆说："没有用牛肉啊，我用的是茶叶。"老公满面愁容说："'牛肉'就是这个茶叶的名字，是我托朋友好不容易才买回来的，你怎么这么不小心啊？"老婆听了也不高兴了："我为了给你做茶叶蛋忙了一天，你回来只会数落我，如果你喜欢，你可以把茶叶捞出来再泡啊。"这时老公缓缓地道出："'牛肉'就是老茶客常说的武夷山牛栏坑肉桂，这种茶每斤起价就要8000元，异常稀有，不是有钱就能买到的。"老婆这时才恍然大悟，原来自己这一顿茶叶蛋花了近万元，真是让人心疼啊！

阅读案例并结合正文内容，给文案拟一个恰当的标题。

2. 文案写作

（1）实训目的。

通过本模块的学习，了解新媒体文案的结构，并尝试独立撰写一篇新媒体文案。

（2）实训内容与步骤。

实训项目背景：公司新采购了一批产品要进行线上销售，需要在已经建好的微信公众号平台上发布一篇文案，主要内容是对这一批新产品进行宣传。

请根据以下提供的产品信息进行文案撰写。

· 产品名称：TOPA 红糖。

· 公司介绍：TOPA 公司于 2022 年成立，主要销售红糖产品。

· 关键信息介绍。

①该公司投资近 3000 万，采用现代化设备和古法工艺，保证红糖风味不变。

②使用全套食品级不锈钢生产设备。

③全封闭式生产车间，生产全程无人工干预，设备全程使用电脑等进行控制，以稳定品质。

④使用多道澄清系统，能有效去除甘蔗在压榨过程中所残留的农药及重金属物质。

⑤大规模生产，保证产量。

⑥原料出自广西金秀县大瑶山，此地的甘蔗清香、甘甜，生产的红糖也有着

独特的天然清香。

⑦该公司生产的红糖从压榨到出糖，全程使用流水线一次完成，坚决杜绝二次污染。

· 补充知识。

市面上的红糖多为块状，极少有沙状的，因为手工红糖的生产全靠经验，火候不够就无法起沙成糖（即无法结晶），会变成“牛皮糖”，所以有些商家就会往里添加赤砂糖或白糖，以便于其凝固，这样就失去了红糖原本的功效，也不利于糖尿病人食用。如何辨别哪些是掺了赤砂糖或白糖的红糖呢？只要把红糖放入热水中，它能快速溶解，且无晶体沉淀物，就是好红糖。有的红糖闻起来无香味，甚至还有刺鼻的气味，这其实是因为某些商家无法去除甘蔗压榨过程中所产生的有害物质，无法控制其中的水分，使得其中的微生物繁衍、死亡，故而使红糖产生刺鼻的味道。

第五章 不同新媒体平台的文案写作

学习目标

随着互联网的发展，新媒体普遍存在于我们的工作、生活中。个人、企业都可以在新媒体平台上开通账号，分享信息。常见的新媒体平台有微信、微博、抖音、快手等，文案也经常发表在这些平台上，以吸引用户点击和阅读，达到更好的传播效果。希望大家可以了解不同媒体平台文案的写作特点，掌握不同媒体平台文案的写作方法，以及能够进行新媒体文案创作。

5.1 微信文案

微信是目前国内广泛应用的社交软件之一。微信自推出以来因强大的产品能力和良好的用户体验，迅速覆盖全国，目前移动端覆盖率超 94%，月活跃用户数超 10 亿。

微信不仅覆盖率高，用户使用时间也非常长。微信因其庞大的用户基数和超高的用户黏性，已成为个人及企业最重要的社交营销平台。因此，了解微信并掌握微信文案的写作知识，是新媒体运营人员的必备技能。

5.1.1 微信文案的特点

微信朋友圈文案的就是简短，字数尽量控制在100字以内，5～8条为宜，合适的时间点是7：00—9：00，12：00—14：00和20：00—23：00。

朋友圈基本上都是自己的好友，发太多的文案会给好友带来心理负担，使人反感。

朋友圈要发积极向上、给人以鼓舞和力量的文案，不能发消极、低俗的内容。因为微信账号代表着个人的风格，人们通常会通过账号内容来判断这个账号持有人的兴趣、人格特点等，并以此来判断账号持有人是否与自己志同道合，是否可以建立彼此信任、欣赏的关系模式。

课堂讨论

你在写微信文案时思考过写作方法和写作步骤吗？

5.1.2 微信文案的写作步骤

朋友圈是企业在微信平台进行营销的重要渠道，文案人员可在其中直接介绍和推广产品，可以为产品和企业树立良好的品牌形象，提高营销效果。在写朋友圈文案时，文案人员可通过直接推广产品、分享日常生活、讲述经历感悟、介绍产品信息、谈论热点、讲解专业知识、展示用户评价和发布互动话题等方法来创作。

1. 明确目标受众

文案写作要有针对性，写文案前，必须弄清楚文案所要面对的目标受众是谁。每一个产品都有自己特定的顾客群体，要针对顾客群体的特点写文案，不要写适合所有人看的文案。（图5-1）

2. 吸引用户注意，击中用户痛点

痛点是用户的需求点，在需求未被满足时，用户会感到不方便、不顺畅。而用户的需求被满足时，自然会感到心情舒畅。因此，文案应从品牌的优势和产品的优势出发，击中和解决用户的痛点。

如出租车司机是一个需要长期坐着工作的职业，但是司机长时间坐着，腰腿就会麻木、酸痛，于是一些公司就开始研究、制造能自动捶腿的车载按摩器，这类公司通过和出租车公司合作，推出的产品缓解了很多司机的疲劳感。长期驾驶后腿部酸痛就是司机这类客户的痛点，缓解司机疲劳的产品需求量自然会很高。

图 5-1　有明确受众的文案

（图片来源于微信账号“面料故事—罗芬”）

3. 确定卖点

产品的卖点是产品所具有的与众不同的特点。这些特点既可以是产品自身具备的，也可以是合理的想象力、创造力产生的。产品的卖点与产品的基本功能、核心利益息息相关。一个产品的卖点可以有很多，它们是一篇文案的骨架，所以一定要找准。卖点可以是概念、感觉、情感、形象、品质、服务、包装、文化等。卖点是消费者关注的核心，因此文案的创作者要站在消费者的角度，要学会换位思考，这样提炼出来的产品卖点，才更容易被客户接受。

例如，奔驰系列产品的概念是“精确是生活驾驭自如的关键”，因此在奔驰汽车中，处处都是考究的品质体现，而开奔驰车的人也总被认为是精致生活的成功人士。而宝马系列产品的概念是“营造完美的驾乘感觉”，驾驶宝马汽车的人，总被认为是热爱生活、有激情的人。

4. 根据卖点写利益点

利益点就是卖点带给用户的好处。以马拉松比赛的陪跑教练为例，对它的推广可以这样写：获得过马拉松冠军的、有 10 年跑步经验的教练陪你跑步 100 天，助你轻松养成跑步习惯。

5. 展示价格

这一步可写，也可不写。因为有些产品和服务不太适合公开展示价格，需要私下沟通。但如果能写价格，就一定要写出来，明确地告诉用户。

6. 引导读者产生购买行为

最后我们要引导读者产生购买行为，可以通过对比、强调稀缺性等方式引导读者产生购买行为。

● **案例**

价格展示的技巧

· 平摊：当产品很耐用，但价格比较高时，我们可以把价格除以使用的天数，算出产品一天需要花费多少钱，通过变相地突出平均价格而让用户感觉产品很划算。比如一个洗碗机的售价是 2800 元，几乎和一部手机的价格一样。但当你告诉消费者，按 5 年计算一天只要约 1.5 元，就能把人从油腻的厨房解放出来，消费者一般就不会再因为价格而犹豫了。

· 省钱：如果产品节水、节电或能替代其他消费，文案创作者就可以帮用户算出购买这个产品每年或每 10 年能省多少钱。当用户发现可以很快回本时，他就会觉得购买这个产品是划算的。

打折的技巧

日本东京的银座有个绅士西装店，这家店的促销文案曾经轰动了东京。

其文案内容是：第 1 天打 9 折，第 2 天打 8 折，第 3 天、第 4 天打 7 折，接下来每 2 天依此递减，第十三天、第十四天打 2 折，最后两天打 1 折。

5.1.3　朋友圈文案

1. 朋友圈文案的写作要点

（1）做好精准定位。

定位，就是给自己的朋友圈定个基调，想要做好微商的人不能随便发朋友圈，应有目的地围绕某个中心进行。

首先，要对自己进行精准定位，比如考虑好是想做零售还是批发，或零售和批发一起做，要有一个产品主线。其次，要对用户进行定位，即确定用户是谁，用户群体有着怎样的消费属性。再次，对内容进行定位，即发布什么内容才能满足用户需求。最后，要进行渠道定位，即确定通过什么渠道去发布信息。

做好精准定位是为了树立良好的形象。例如以护肤品零售为主的微商，就要多分享自己或客户的护肤经验和成功案例，多分享专业的护肤知识，这样客户才会信服你。如果是以批发为主的微商，就要突显团队的实力和个人的赚钱能力，因为对批发的客户来说，营销先于产品。

（2）分类。

要想打造一个好的朋友圈，就要有意识地定期发朋友圈，把自己的微信好友归类，以微商的朋友圈为例，不能只是产品广告，也不能只是发货信息，而应该发布多样的内容，但又不失中心。以一个卖面膜的微商朋友圈为例，其文案大都合理地围绕成功案例、产品护肤知识、发货信息、收钱图来进行，层次非常分明，而且让人感觉很专业，说服力非常强。

课堂讨论

你的朋友圈中有哪些文案？有什么特点？

2. 朋友圈文案的写作方法

（1）直接推广产品。

直接推广产品是常见的朋友圈文案的写作方法之一。这是直接在朋友圈中进行产品或品牌推广的一种方法，这种方法对文案人员的技巧要求较低，只需让用户认识到文案人员所营销的产品或品牌，加深用户对产品或品牌的印象即可。这种文案可以采用“我用过 + 我的收获 + 适合人群 + 立即购买的理由”的方式，也可以采用其他方式。（图 5-2）

（2）分享日常生活。

分享日常生活是朋友圈的基本功能，文案人员可将在日常生活中遇到的趣事、囧事等分享出来，以此作为推广产品的调节剂，给用户以亲近感，拉近与他们的距离。文案人员还可以将产品融入分享的日常生活文案中，让用户在浏览日常生活时也了解产品，增加对产品的认同感，从而达到促进其消费的目的。分享日常生活有利于文案人员塑造自身形象，提升个人魅力，增强用户黏性，提高用户转化率。（图 5-3）

图 5-2 直接推广产品的文案

（图片来源于微信账号“瑜伽路上”）

图 5-3 分享日常生活的文案

（图片来源于微信账号“面料故事—罗芬”）

（3）讲解干货知识。

在写朋友圈文案时，文案人员往往需要展现与产品相关的干货知识，让用户详细了解产品，这样才能提高产品的可信度和认可度，推动用户购买。干货知识也可以帮助用户解决产品在使用过程中可能遇到的问题，加强用户对产品或文案人员的专业性认知。一般来说，文案人员可以讲解的干货知识有产品的使用方法、使用技巧、产品功能、产品所采用的技术等。

（4）展示用户评价。

文案人员可以将用户在微信、微博、线上店铺等平台上的产品使用感受、点赞情况、评价内容等截取成图片，然后展示在朋友圈中，进而进行营销，这样可提高产品的可信度，促使用户产生消费行为。用户积极正面的评价本身就是对产品的认可，和网上购物写的评价是一样的，它对产品推广和营销起到积极的引导作用。

（5）借助热点。

热点包含节假日、时事新闻、热门话题等。热点是多数用户同时关注的焦点，具有极强的吸引力，能满足大多数用户的好奇心。文案人员在发朋友圈时，可以将产品信息与热点结合在一起进行推广，但要注意的是：热点要与产品有一定的关联性，不能生搬硬套，分享不能过于频繁。（图 5–4）

图 5–4　借助热点的文案

（图片来源于微信账号“面料故事—罗芬”）

5.2 公众号文案

微信公众号是新媒体文案的常用平台之一，文案人员可以通过发布公众号文案来吸引用户的关注，达到推广营销的目的。

公众号文案的写作方法如下所述。

1. 标题

俗话说，好题文一半。如果有一个好的标题，文章就成功了一半。公众号折叠后，用户在订阅号的推送里只能看到标题，标题将直接决定用户是否阅读、点赞和转发。

（1）切中“痛点”。

从用户的内心需求入手，找到一个独特的切入口，切中这个“痛点”，是标题差异化写作的起点。所谓“痛点”，就是某一特定时间段内用户的心理关注点和情感需求点。

● **案例**

公众号“视觉志”在推出红树林度假卡时，创作了以《这个被冯小刚赶出娱乐圈的男人，花了 120 亿，造出了最美的酒店》为标题的文案，获得了 10 万 + 的阅读量。

120 亿，能造出一座什么样的酒店？

一进门便是霸气的大王棕大堂，
层高 50 米的亚洲第一大堂在此。

你说你是个吃货，
那他就用 71 种世界各地美食餐厅的香气来引诱你。

你说你拖着熊孩子，
那他就用 3 万平方米的丛林水乐园，
让孩子们上蹿下跳、高声尖叫。

你说你要补充点内涵，
那大堂出门请左转，
中国颜值最高的“成品 + 方所”合成的“今日 × 书屋”中有画廊、版图中心正等着你，
设计师纠结了所有的细节，

只为你萍水相逢时的对视一笑。

你说你其实只想买买买，
好！
那就有一整条商业街让你逛。

你说你要办一个电影节，
请上五千多个人一起做一场宏大的梦，
他就会给你一个装得下梦的空间。

你说，你只想一个人静静，那他会给你一个房间，
窗户外面那一整片大海，都是你的。

这就是三亚湾红树林。

造这座酒店的是个异想天开又酷到爆的中年人，
他叫张宝全，
他被称为“最不务正业的房地产商”。
他跨界跨得飞起，做过记者，
当过木匠，也写过书，画过写实油画，甚至还拍过电影。
冯小刚和他开玩笑说：“你拍电影都赚钱的话，
那我们还能去干什么呢？”
但他彻底颠覆了“酒店”这个词，开了一个最不像酒店的酒店。

2015 年，三亚湾红树林度假村正式亮相，
然而这个海边的辉煌建筑，才只是刚开始……

（文章来自视觉志公众号）

结合以上文案内容，文案标题通过“被冯小刚赶出娱乐圈”“花了 120 亿”“最美的酒店”几个关键短语，充分体现了人生反转的含义。“人生反转”是很多人的渴求，这一主题恰好契合了很多用户内心真实的需求，因此获得了很多用户的分享和阅读。

（2）巧用“热词句”。

“热词句”就是网络上流行的词语或语句。它是某一特定时期内，网络用户使用或搜索频次较高的词语或语句。一般情况下，用户认可度比较高，且具有普遍性、话题性

和卷入性，因此受到网民的喜欢，被频繁使用。

● **案例**

除了诗和远方，还有麦当劳的“充电宝”啊

麦当劳推出了新品“充电宝”，当时的文案让人感受到一种诗意。麦当劳称那些加班到深夜的年轻人是“等不及要把路走成未来的梦想家”。

麦当劳建议那些总是需要灵感来加持作品的文艺工作者在适当的时候要“中场休息一下”。

对那些时不时就满怀心事的少女们，麦当劳说：吃，至少可以解决一个烦恼。

对那些彼此之间没有秘密的闺蜜，麦当劳说：你们之间不是别人，不需要靠表情包来表达彼此的情感。

麦当劳对那些随心所欲在大街上秀恩爱的情侣说：你在他的背后。而画面中的麦当劳，就在他们的背后。

这个文案的标题和流行歌曲《生活不止眼前的苟且》有关，这首歌有一句歌词是“生活不止眼前的苟且，还有诗与远方的田野”，道出了当下很多人的生活现状，因此“诗和远方”成为网络流行语，也成为很多人的向往。

同样，文案的标题也可以从帮助用户的角度出发，从琐碎、凌乱、信息繁杂的日常生活提炼出一种准确的诗意，这种文案会给产品带来情感上的加温，是一种不甘于平庸生活的诗意的延续。

为了让用户对新品“充电宝”产生好感，上述麦当劳的文案在标题中加入热词句——诗和远方，同时在标题中直接点出了产品的名称，很好地激发了用户的好奇心，因此获得了较高的阅读量。

文案的创作者要经常关注网络的动态，及时地掌握并运用各种网络热词、流行语，使文案发挥很好的引流作用。但也要注意，热词句要与文案的内容有关联，切忌无条件地盲目使用，否则会适得其反。

（3）新闻式。

假如产品有“新闻”要发布，比如产品要上市、产品有新用途或者企业有新的发展方向，一定不要藏在正文中，而应直接作为标题。如《研究了一根黄瓜，就摘获两项大奖》《711次实验，只为0.02毫米》《豆芽为什么这么肥：激素催的？》《14岁辍学，29岁身价过亿，这个90后女孩凭什么？》《再见，玉米！你好，蔬菜》等。

（4）暗示式。

暗示式标题是先设置悬念，勾起用户的好奇心，然后再通过正文来解答疑惑的一种写作方式。以工业混合设备的某个文案为例，其标题是《千万分之一的比例，我们没问题》。乍一看，这个标题好像在说这家公司非常有信心，他们的机器肯定能处理你要混合的任何材料。但你读完正文，就会发现它真正的意思是：他们的机器能混合两种浓度相差千万倍的液体。这样的标题有双重含意，起到了一语双关的作用。

（5）合集式。

这类标题通常根据用户的从众心理，在标题中就直接告诉用户：只要学会××种方法，你就能成为××人群的一员。

课堂讨论

请同学们根据所学知识，寻找“合集式”标题的案例，并在课堂中讨论。

2. 正文

标题的主要功能是引流，而正文是主体部分，是文案深入阐述的关键。因此，正文的写作不要千篇一律，要注意差异化，要形成自身独特的风格。正文的写作方法和其他文案的写作方法类似，主要有讲故事、引热点、神转折、用数据、用金句等。这些方法在其他文案的写作中已经详细阐述，在此就不再重复。我们现在主要学习正文写作的注意事项。

（1）句段要简短。

公众号的内容一般基于智能手机平台发布，因此创作者要特别考虑手机用户的习惯，创作时注意每段内容力求短小精悍，文字太长容易增加用户的阅读强度，造成用户流失。撰写公众号的内容时要特别注意选出最亮眼、最核心和最重要的内容，力求提纲挈领、直截了当。

（2）文风独特。

正文的内容要理念新颖、幽默风趣、节奏明快、手法多样，也可以适当采用抒情、夸张的手法，使文案充满激情、富有感染力，这样更容易得到用户的认可。

3. 封面图

封面也是吸引用户眼球的一个重点。微信公众号的封面图是否美观，是否能起到吸引读者点击的作用，重点在于细节和图片核心元素的位置。封面图要与品牌、内容相协调，保持前后一致，总体风格要稳定，具有辨识度，能给用户留下深刻的印象。封面也可以使用一些与众不同的图片来凸显个性，如个人的形象、带有公众号 logo 的图片等。

4. 摘要

文案封面缩略图下方的一段引导性文字，就是内容摘要，主要是让用户了解文案的主要内容。摘要是描述性文案，是文案的中心论点，也是文案的简介。摘要要有吸引力，要让用户在看到的几秒钟内就产生阅读的兴趣，提高文案的点击率和阅读量。

如果公众号发的是单图文，用户会看到封面和摘要，如果是多图文，就不会显示封面。单独推送的时候，摘要与标题、封面图一起决定了读者是否会点击并阅读。多条推送时，摘要能提高点击率。当图文被转发给朋友或聊天群后，图片就会被压缩到很小，而且标题太长，也无法完整显示，这时候摘要的吸引力就显得尤为重要。

摘要虽然是文案写作时的选填项，很多运营者或者不熟悉公众号运营的企业会选择不创作这一部分，但建议尽量补充、完善这一项。（图 5-5）

图 5-5　封面、摘要案例图片

● **案例**

私域运营成交的核心

和大家分享一件亲身经历的事情。

我有喝茶的习惯，曾经喝过一家天猫店铺卖的小青柑普洱茶，挺顺口，于是喝完后就直接在这家店铺里买了一盒茶叶。

一天，这个店铺的客服在旺旺上给我发来消息：加店长的微信可以有优惠。出于职业习惯，我一看就知道这是商家要做私域运营了，是想把在公域成交的客户转移到私域里运营。

当时我并没有理会，后来卖家主动加了我的微信，我就同意了，想着后期买茶叶能有优惠。

就在前几天，茶叶又快喝完了。当我打开淘宝准备再拍下一盒茶叶时，发现其价格比之前活动期间贵了几块钱，后来我想到自己加过卖家的微信，于是想去问问老客户是否有优惠。

抱着这种心理，我和卖家的微信客服进行了沟通，但我在沟通后果断放弃了优惠，直接去店铺里买了茶叶。

是什么原因让我放弃了占便宜的想法，选择多花钱去购买呢？

那是因为他们没有解决信任的问题，我认为信任问题是成交的根本。

今天我就和大家来聊一下关键点是什么？

先来回顾一下我和客服沟通的过程。

（1）我首先在淘宝上查看了之前的订单及购买的价格，随后我确定了当前的线上价格。

（2）发现两者有差异后，我与卖家在微信进行了沟通，询问有无优惠。

（3）微信报价与天猫店同价，后来我告诉对方之前购买的价格比线上的价格少 5 元，微信客服就说在微信内下单也可以优惠。

（4）微信客服发了一个收款码，告诉我付款后就安排发货。

（5）我微信扫码准备付款时，发现这个收款码是个人收款码，顿时我的警惕心就上来了（第一次信任危机，也是最关键的，我马上停止了付款交易）。

（6）后来我要求在天猫店铺里买，微信客服就发过来另一个品牌名称的天猫店铺链接，说它是一个补拍运费的链接，要我通过这个链接购买，但关键是新链接不是我选择的品牌（第二次信任危机，任何一个客户在这个环节基本已经打退堂鼓了）。

（7）有了两次信任危机后，我当时就决定先不购买了。大概十分钟之后，微信客服又发消息告诉我在微信里下单可以优惠 10 元（本来只是一个信任危机，现在却感觉被欺骗了）。

（8）看到消息后，我立马决定在天猫店铺原价购买茶叶。

回顾上面的 8 个环节，其中在 5、6、7 三个环节中客服行为一次比一次严重，让我彻底放弃在微信付款购买茶叶。下面来逐条分析一下这三个环节。

第 5 个环节：对方给了一个私人收款码，给客户的感觉就不靠谱。因为陌生人在微信内付款，必须要有一个品牌背书。否则付了钱，对方不发货，怎么办？

第 6 个环节：客户已经认准了某品牌，但是客服又换成了另一个品牌的链接，而这个品牌并不是我想要的品牌。

第7个环节让我彻底放弃购买，是因为里面有很大的欺骗成分。在私域微信里要客户成交，就要给客户一定的优惠。如果按照客户之前在天猫店铺优惠后的价格成交，只要客户认可，也是可以的。但是客服一开始说在微信付款和天猫店铺的价格是一样的，但当我给出了之前优惠的价格，客服马上就说在微信里下单也可以按优惠价格购买。在之后逼单的时间里，客服又主动放出来一个更优惠的价格。这个是致命的打击，最终导致订单直接黄了。

通过我经历的这件事情，我可以断定这家公司的私域运营是失败的。

（1）这家公司没有解决客户信任的问题，商品购买成交的关键其实就在信任，不论是线上还是实体店，都是一样的。我下单了，其实就是我对店铺的一份信任。信任问题没有解决，自然就不会成交。

（2）私域运营无品牌背书，导致信任很难建立。不论产品是不是品牌，首先得让别人认可，这特别关键。

其实产品在线上让人看着像品牌很好操作，毕竟线上主要是用图片、文字、视频来体现的。天猫店铺运营得好，那是有天猫、淘宝、阿里巴巴的品牌背书，加上店铺装修设计得不错，给人较好的观感。

做私域运营，如果不想被天猫、淘宝平台抽佣，公司完全可以搭建一个私域运营的小程序，况且现在微信都提供了免费的“小商店”供大家使用了。

微信小程序店铺收款给人的信任感是私人收款二维码无法比拟的。

（3）忽悠客户可以一时得利，但不会有复利。做私域运营的最终的目的就是降低成本，并让客户复购。

（4）没有给客户添加标签。我经历的整个销售过程反映出客服并不知道我要购买的产品是什么，也不知道我上一次购买的产品是什么价格，因为他们没有给客户添加标签。

如果客服在加客户的微信时，就在备注中给客户添加标签，把客户购买的产品、价格、时间都备注上，或者通过第三方软件对客户进行精细化管理。这样客户在联系客服的时候，客服可以直接询问客户是不是购买之前的产品，这样会让客户感觉到客服很专业，从而产生信任感。另外要如实告知客户上次购买的价格、目前淘宝或天猫店铺的价格，以及如果在微信下单，优惠价格是多少。客户感觉有便宜可占，并且还是信任的品牌，成交就顺理成章了。

最后把微信小程序的收款链接发送给客户，让客户感觉整个流程和环节都是专业的、可信任的。

这样的成交流程才是顺畅的。

总结：

（1）并不是所有的品牌和品类的产品都适合做私域运营，做私域运营的前提是产品具有周期性购买的特征，有较高的复购率。茶叶有周期性购买的特性，并且客户会复购，很适合做私域。

（2）其实私域运营对品牌也有一定要求，因为让客户在私域里选择某品牌，并且成交，需要一个经得起推敲的理由。否则客户选择天猫、京东这些知名电商平台，岂不是更简单、更放心？

（3）私域运营对企业的利润贡献很高，因为没有了平台的抽佣等，并且还拥有了更高的用户忠诚度及转化率，但这也从另一方面说明，前期在筛选和获客时需要投放很多人力、物力。对于有天猫、京东等线上交易的店铺来说，将客户导流到私域是有绝对优势的，因为获客的成本相对较低，毕竟都是已经成交过的客户。

最后，还是那句话：成交来自信任！

（摘自听帅说公众号）

5.3　微博文案

微博就是微型博客，是一个基于社交关系而进行的简短信息获取、分享与传播的社交网络平台。2009 年新浪网推出了“新浪微博”，随后腾讯微博、网易微博、搜狐微博等也出现了。但随着新浪微博的不断发展、壮大，其他微博平台渐渐没落并不再运营了。2014 年，“新浪微博”正式改名为“微博”，并成为我们熟知的社交产品之一。

微博最初限定单条微博至多只能发 140 个字，随后加大了图片的权重，相比撰写博客的长文章来说，大大降低了用户发布信息的难度。

很多企业与品牌都会借助微博平台来发布产品及各种活动的相关信息。这些信息都是基于营销策略，对产品、服务或品牌形象等进行的一系列有技巧的、有吸引力的文案创作，以帮助更多的人了解公司的产品或服务，加大对公司品牌形象的宣传力度。这种创作就是我们常说的微博文案。

5.3.1　微博文案的特点

1. 文案力求简练精要

在快节奏的生活环境下，很少有人能够耐心地阅读长篇幅的内容，他们更倾向于在短时间内获取更多的信息。微博以信息流的形式展示内容，消息多，刷新速度快，既能为用户展现丰富的内容，又能降低用户获取单条信息的时间成本，让用户在信息碎片化中快速选取自己喜欢的内容。因此，在写微博文案时，文案的写作人员千万不要堆砌大量的文字，要做到通俗易懂、短小精悍、言简意赅，即用浅显直白的文字来表述文案所要传达的意思，让用户一目了然。

2. 互动性强

社交是微博的核心特点，也是微博的灵魂。微博是一个开放式的社交平台，微博的内容及其转发、评论、点赞都是开放式的，所有人都可以随时参与互动、讨论和传播。微博的互动性就是文案的写作人员与受众进行对话的过程。如果发布的文案有很强的互动性，就可以引起用户参与的兴趣，就能让用户体会到成就感、信任感或互动的乐趣，进而成为忠实的粉丝。用户还会对文案点赞、转发或留言，以提高文案的后续转化率。

3. 趣味化

与其他新媒体平台相比，微博平台的个性化特征比较明显。若在这样一个平台上发布枯燥乏味的文案，势必不能吸引用户。在这样一个百花齐放的交流环境中，微博文案只有极具个性化和趣味性，才能够吸引更多用户的关注和认可。所以在写微博文案时，可以使用当前众多的网络流行词、表情包、热点话题等来增强文章的趣味性。但有趣的核心还是提供有价值的内容。

4. 互动思维

互动思维是指发布微博文案时，创作者要意识到自己在与用户互动。微博作为社交平台，其核心的特点就是社交互动。所以创作者要时刻记住，微博文案是在与用户对话，在与用户沟通。

5.3.2 微博文案的写作

1. 微博短文案的写作方法

阅读短文案所需要的时间比较少，更易于被用户接受。短文案一般在 200 字以内，文字与图片、视频等相结合，以简短精练的形式传递出丰富的内容。

（1）标题。

标题字数不宜过多，以简短、凝练为主。如果能够加入幽默风趣的元素，凸显标题的趣味性，就更能得到用户的认可，更能吸引用户点击和浏览。

（2）正文。

短文案的正文可以使用纯文字、图文、话题等形式，要根据用户的需求，展现出产品信息、企业需求、日常生活等内容。总体来说，微博的个性化特征比较突出，文案的内容形式也会比较自由。

①故事式。

故事式是新媒体文案写作常用的一种方式，微博文案也可以使用这种方式。故事一般情节性强，能激发用户的好奇心，能吸引用户的注意力。文案人员可以结合文案的具体内容、产品信息等，将其包装成具有吸引力的故事，采用场景式、对话式、回忆式等形式，侧面展示文案的主题，或进行产品推广。（图 5-6）

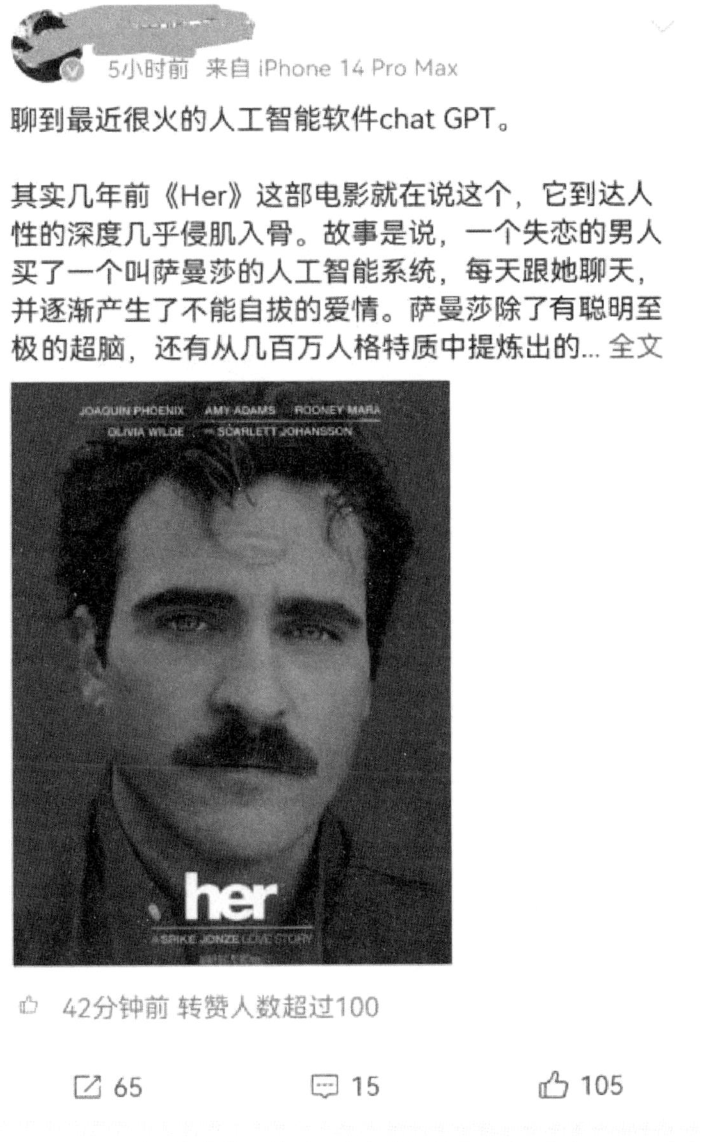

图 5-6　故事式文案

②热门话题。

热门话题自带流量和互动热度，借用热门话题的势能，实现微博品牌的曝光和互动量的增长。新闻每天都在发生，热点更是层出不穷，所以热门话题创作要及时，在热门话题发生后，就立即投入创作，同时保证原创度和独特性。创意文案的写作人员要选择符合自己品牌调性、有助于品牌理念表达的热点进行创作，要把自己的品牌内涵和主张与热点有机融合，借热点之势表达自己。

话题是微博的一种内容形式，也是微博的一种重要产品形态，体现了微博的开放性和媒体属性。用 2 个 “#” 把话题前后包围，则话题生效，单击话题，进入话题页面，就可以查看与话题相关的所有微博。任何用户都可以参与该话题的讨论，并发表自己的观点。话题的选择一般以社会热点、人们关注的事情为风向标，话题选择正确，才有助于提高账号的活跃度。个人账号、企业账号都可以设置话题，话题字数不宜过长，尽量控制在 10 个字内。（图 5-7）

图 5-7　热门话题文案

③销售信息。

当新品上市时，企业可以通过微博文案发布销售信息，进而把微博平台的关注者转化为消费者，实现微博导流和销售转化。需要注意的是，通过文案的形式在微博平台进

行产品销售时要适度，并注重技巧，不要给人硬推销的感觉。（图 5-8）

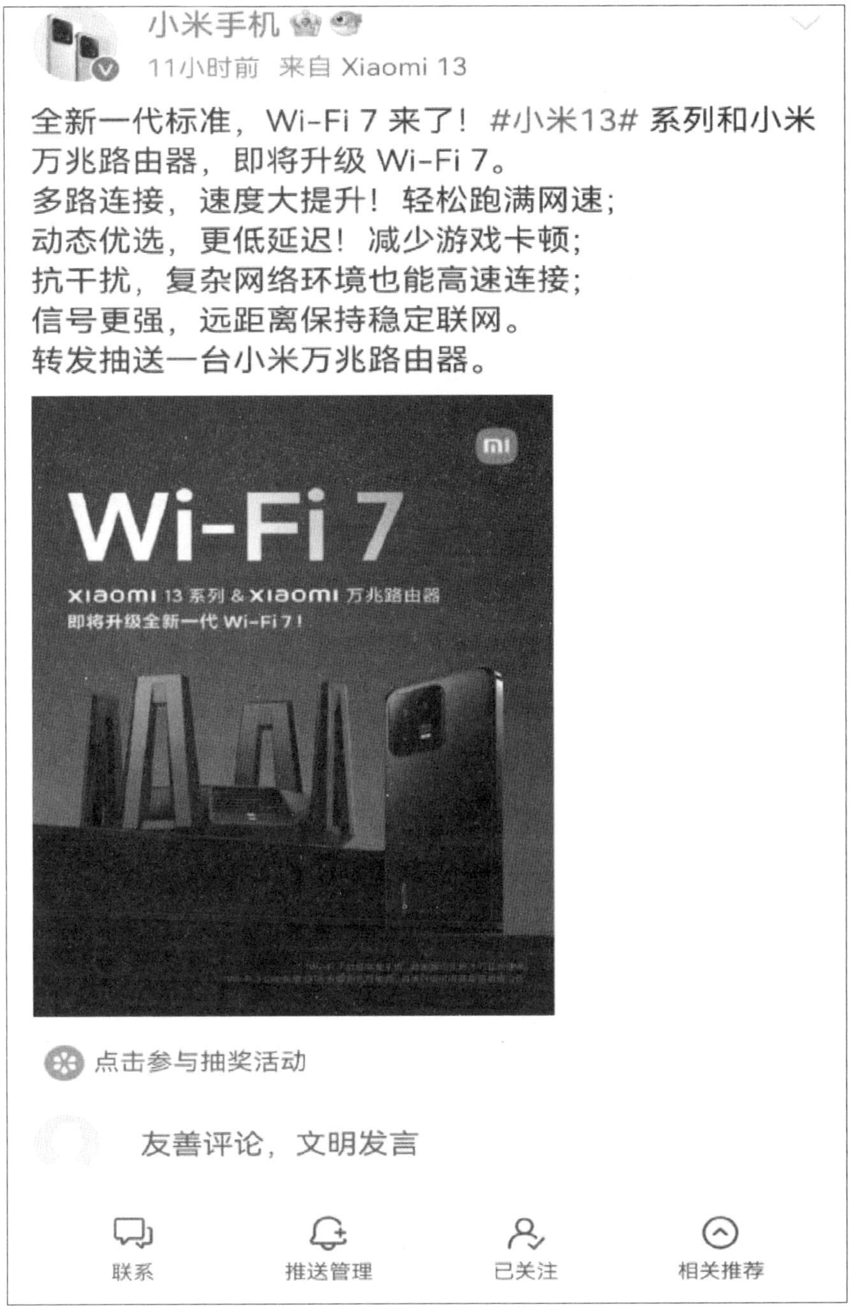

图 5-8 销售信息文案

④关联营销。

关联营销是企业发布文案，并与其他微博账号进行关联合作，以此共同生成一个话题的营销方式。这样的关联微博文案有助于扩大用户群体，引起更多用户的关注和兴趣。如图 5-9 所示的案例中，支付宝的微博账号 @ 华为商城，以帮助华为进行手机营销。

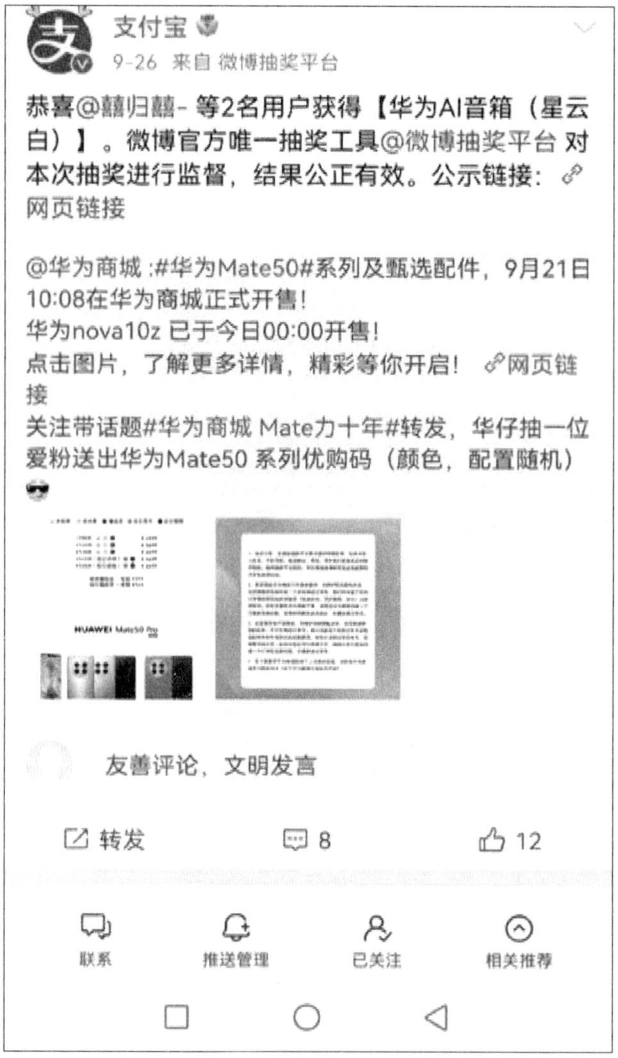

图 5-9　关联营销文案

● 案例

江小白

中国白酒市场的竞争尤为激烈，一个新的品牌想要进入市场，难之又难！但是江小白却不这么看。“我是江小白”成立于 2011 年，它以青春的名义创新、创意、颠覆，深刻地洞察了中国传统酒业保守的不足：拘泥于千篇一律的历史文化诉求，对鲜活的当代人文视而不见。江小白力争给中国酒业增添一股时尚清新的感觉，因此迅速获得年轻消费群体的高度认同，并成为各地酒企争相模仿的对象。

不说历史，用创新创造新的历史。

颠覆传统，表达鲜活的当代人文。

回归简单，用心酿造简单的美酒。

江小白致力于寻找文艺、青春的感觉，致力于表达有态度的个性，致力于探索有体验的优质产品，致力于成为一家小而美的个性企业。“江小白”卖的不是酒，而是一种有表达的青春态度。他们不是高富帅，也不是草根，他们是一群怀揣青春梦想的年轻人。

⑤日常分享。

日常分享很容易吸引用户，容易引起用户的情感共鸣。不管是个人账号，还是企业账号，都可以把日常生活中有意义的或与众不同的内容以文案的形式展示出来。（图 5-10）

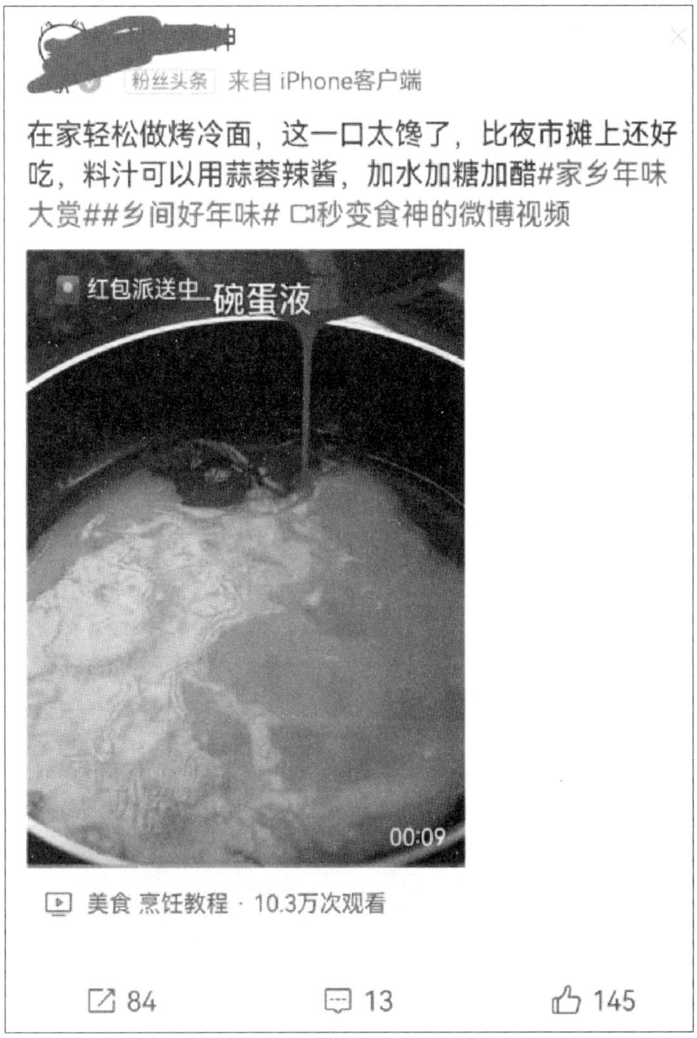

图 5-10　日常分享文案

微博文案除以上内容，还有活动发布、企业新闻、干货分享等。

2. 微博长文案的写作

微博长文案是指头条文章，是作者创作的长文章。它的内容广泛，可以是生活中的方方面面。微博长文一般由封面、标题和摘要及正文组成。（图 5-11）

图 5-11　微博长文案

（1）封面。

微博长文案的第一部分是封面。封面是对微博长文案内容的简要说明和体现，是用户看到的第一部分。有创意、视觉冲击力强的封面图片可以快速吸引用户关注，并使其产生进一步阅读的兴趣。封面图要体现出文章的主题，要与文案内容相符。

（2）标题和摘要。

微博的标题和摘要在长文案中直接显示。摘要和标题要有吸引力，要与封面、正文融为一体，能给用户提供一定的价值，能吸引用户继续阅读正文。摘要应用简短、精炼的语句把文章的中心思想体现出来。

（3）正文。

微博长文案与短文案不同，作者需要花费更多的时间创作，因此长文案的质量要求更高。吸引用户坚持阅读下去，就是长文章的内容价值。作者在创作微博长文案时，一定要以用户的需求和喜好为出发点。

微博文案知识补充如下。

① @。

@ 相当于一个连接器，用户通过 @ 关注的人或其他人，被 @ 的用户就会收到通知，就会看到用户发的内容。在微博文案中可以通过 @ 其他人保证更多的人看到发布的内容，增加文案的浏览量。对于内容质量好的文案，被 @ 的人还会再次分享和转发。

② #。

代表参与某个话题，在话题前后各加一个 # 符号，即表示参与话题成功。在文案中添加话题，用户围绕话题展开讨论、沟通，可以增强与用户的互动性，提升文案的活跃度。

③链接。

微博的文案中可以设置链接，链接可以是文章、视频、店铺地址、销售信息等与文案相关的任何内容。如果文案本身具有很强的吸引力，能够吸引很多用户，大部分的用户都会点击链接以查看更多的内容。

● 案例

我和新浪微博的故事

新浪成立 20 年了，而我和新浪微博的故事也有 6 年了。

注册微博是在 2012 年，我那时上高二。在学校里，手机是不允许使用的。

那时还没微信，刷微博是手机带给我的为数不多的乐趣之一。每天结束繁重的学习任务之后，我躺在床上，打开手机，戴上耳机，登录微博，然后就这样沉浸在“唯我独尊”的悠然世界里。

我会去搜索昔日的朋友、欣赏的明星、喜欢的人等的微博，寻找任何与他们相关的事情。从微博里，我知道了他们的故事和生活。微博，仿佛在相隔千里的两人之间架起了一座无形的桥梁。

现在我仍会在微博上发发牢骚、分享开心的事、上传好看的照片。在我心中，微博更像是我的情绪包容所和树洞，好的、不好的，我都通通给它。

开通微博以来，我每一天都会在这里感知外面的世界，它也见证了我每一次的开心、喜悦、难过和失落。对我来说，微博，已经不仅仅是一个社交软件这么简单……

希望我和微博的故事可以一直延续下去，也希望往后我的微博里记录的是开心的瞬间，希望我们都成为更好的自己！

5.4 社群文案

5.4.1 社群的概念与特征

社群并不是一个新概念。早在春秋时代，思想家孔子及其门下弟子所形成的以教学和学术讨论为主的圈层就是早期社群。随着社会的变迁与生活的需要，人们形成了各种各样的群体。

社群又名社区，是一群拥有共同爱好与需求的人聚集、交往、互动形成的一个比较稳定的社交群体。社群对于群内成员来说是一个半熟的圈子，这里既有熟悉的人，又有完全陌生的新网友，但他们在这里能很快熟悉。在新媒体时代，社群的形式非常多，有产品社群、兴趣社群、品牌社群、知识社群、互融社群等。一般的社群都具有以下特征。

1. 社群成员具有共同的目标

“物以类聚，人以群分。”社群成员通常拥有共同的价值观与目标，以借此在群体中寻找认同感与归属感，进而为完成共同的目标而相互帮助和协作。

2. 社群内部有一定的行为规范

为了维持社群的正常运行，社群一般都会制定一定的行为规范，并要求群内成员共同遵守。例如，要想加入该群就得申请，入群就要遵守群规，以此来保证社群的规范性和特殊性。

3. 社群内有稳定的组织结构

社群是志同道合的人聚集在一起所形成的组织，成员之间必然要有分工、协作。一般社群会采用金字塔或者环形的组织结构，只有这样，社群才能运营好。

4. 社群内存在“灵魂人物”

一般情况下，社群是由发现、号召有“同好”的人抱团形成的，最初的那批成员会对以后的社群会产生巨大的影响，形成若干个榜样。他们在群里比较有权威性，会成为“意见领袖”或“灵魂人物”。

5. 社群内要有稳定的服务输出

好的社群要定期组织线上、线下的互助活动，以保证社群的凝聚力。能够给群员提供稳定的服务输出，是该群存在的价值。如果不能持续提供价值，社群的活跃度就会慢慢下降，最后沦为广告群，甚至消失。

5.4.2　社群文案的写作

社群文案是文案人员在某个群里为引导群成员产生自己所期望的商业行为而发布的文案。由于社群的群体特性，社群成员在社群中发布文案，可能会受到相熟的社群成员的影响，彼此产生相互感染的冲动购买效应，从而产生某种消费行为。社群文案写作分为社群邀请文案写作、社群营销文案写作、社群活动文案写作。

1. 社群邀请文案写作

（1）社群邀请文案的概念。

社群邀请文案又称为社群引流文案，它是为了邀请有共同需求的用户进入社群而撰写的一种文案。一般而言，社群邀请文案的内容要包括社群简介、社群能够带给群成员的利益点、社群成员的特质、社群的加入方式等。

（2）社群邀请文案写作前的准备。

在进行社群邀请文案的写作之前，要认真思考以下问题。

①本社群的创建目的是什么？这个社群是干什么的？

②与其他社群相比，本社群具备哪些优势？具有哪些劣势？

③社群的用户是谁？社群的目标用户具有哪些主要特点？

④社群的目标用户会遇到哪些问题？

⑤社群能够帮助目标用户解决哪些问题？

⑥用户加入社群能获得哪些好处？

⑦用户不加入社群的损失是什么？

⑧进入社群的门槛有哪些？

（3）社群邀请文案的写作内容。

①标题：抓住用户的眼球

只有抓住用户的眼球，才能获得用户的关注。所以，社群邀请文案最重要的就是定好标题，抓住目标用户的眼球，激发用户的阅读兴趣。

②挖掘用户的痛点。

“用户的痛点”就是用户尚未满足却又十分渴望被满足的需求。只有了解了用户的痛点，文案才能对症下药，提出的解决方案才能引起对方的共鸣，最终使对方产生加入社群的行动。因此，在写文案之前，需要先挖掘目标用户的痛点，明白社群的目标用户目前面临的问题。

③解决问题的方案。

进一步描述用户的痛点，就是直接写出社群目标用户目前所面临的问题。对用户的痛点进行描述，可以针对用户的需求，直接提出解决问题的具体方案，进而增强用户进群的欲望。

④权威证明。

权威证明是指借用具有说服力的信息来证明社群的质量，如社群成员的丰富履历、历年的成果数据等内容，以此来加强用户对社群价值的认同。

⑤零风险承诺。

文案创作者在撰写社群邀请文案时可以提前将用户担心的问题直接提出来，以打消目标顾客进群的心理顾虑。

● **案例**

电力合伙人社群是什么？

为感谢您一直以来对电力合伙人的关注与支持，加强合伙人之间的交流与合作，特开设多个电力人专属高端社群。

· 社群的价值主张

传播正能量，分享创新、创业经验，让我们资源共享，共同成长！

· 社群的定位

链接更多电力精英人脉，让赚钱变得更简单。

· 社群的目的

打造高端社群，为广大会员提供一个交流的平台，让电力精英能互动交流，资源共享，从而创造更大的价值。

· 享受的权益

加入电力合伙人的社群有什么好处？

（1）扩大人脉：加入电力合伙人社群，可与社群内的高端人士进行互动交流，避免无效社交。

（2）资源对接：电力合伙人社群将定期举办线上、线下的交流活动，可以帮助会员有效对接各种资源和信息。

（3）会员通讯录：可免费获得企业会员通讯录（定期更新）。

（4）合作共赢：电力合伙人平台、资源共享，可共同打造电力产业联盟。

· 入群的方法

（1）扫描群主二维码，由群主邀请您进入相应的微信群。

（2）申请群主好友时，请注明：公司 + 业态 + 姓名。

（3）为保证社群成员的质量，每人最多可同时加入 3 个电力合伙人微信群。

（4）入群的朋友较多，可能无法及时处理消息，还请耐心等待。

电力工程综合交流群（向总）

（选自公众号“电力合伙人”）

2. 社群营销文案的写作

（1）社群营销文案的概念。

社群营销文案是指文案创作者以诱导社群成员产生购买行为而创作的社群文案。社群营销文案的写作并不是单一且独立的，大多数社群营销文案都是与社群活动、群分享、群互助等相结合的。社群营销文案一般分为图片式社群营销文案与纯文字式社群营销文案。

（2）社群营销文案的写作要素。

社群营销文案的形式千差万别，但也有共同之处，大都可以从拼团、套装搭售、买 N 送 1 等方面入手。从组成要素上来说，信息介绍、产品链接和 @ 全体成员 @ 所有人等是必需的要素。

①信息介绍。社群营销文案的内容多为产品推荐，文案人员需要对产品功能、价格等信息进行详细介绍，以便让社群成员了解产品的全部信息，并产生注意力和购买欲望。

②产品链接。为方便社群成员查看所推荐的信息，必须进行相应的操作，即在文案中设置推荐产品的链接网址、口令或二维码，以提高文案的转化率。如淘宝网的推荐链接就是淘宝口令，社群成员复制该口令后，打开淘宝网页就能自动跳转到物品的主页面。

③ @ 全体成员（@ 所有人）。@ 全体成员（@ 所有人）常见于微信群、QQ 群。文案创作人员作为群主或者推广人员在群里发布文案时，利用 @ 全体成员（或 @ 所有人）提醒社群成员注意查看该信息。但要注意该条信息应为有意义的、对他人有帮助的文案信息。

● **案例**

贝比拉比儿童防晒社群营销文案

很多人都觉得，儿童防晒是个营销概念，所以在讲产品之前，我想给你们看一个央视的视频，让大家看看儿童防晒到底是不是只是一个概念。

夏天来了，孩子们户外撒欢的次数越来越多。我们都知道紫外线不仅会晒黑皮肤，还会晒伤皮肤。紫外线对孩子们娇嫩肌肤的伤害，远比我们想象的严重，发红、发痒、干涩，这些都是皮肤被晒伤的表现。

孩子们的防晒霜应该如何挑选，就成为妈妈们在夏季里的头等大事。

遮阳伞、遮阳帽、防晒衣这些夏日必备用品均可以发挥一定的作用，但是很多孩子不喜欢戴帽子，也不肯再多穿一件防晒衣，手上更不可能一直拿着遮阳伞，这时候他们在室外撒欢，就非常需要一款安全、有效的儿童防晒霜了。

成人防晒霜的配方太复杂了，婴幼儿的皮肤理化性质跟成人也有差别，所以妈妈们应该根据婴幼儿的皮肤特性来选择合适的儿童防晒霜。特别提醒下各位妈妈，0～6个月的宝宝是不需要涂抹防晒霜的，这个年龄段的宝宝应该避免阳光直接暴晒哦。

“不是每个洗护品牌都拥有洗护工厂，不是每个洗护品牌都拥有毒理检测实验室！”贝比拉比致力于为宝宝生产高端、环保的洗护用品，不仅自建洗护工厂，拥有最先进的生产设备，同时还建立了先进的毒理检测实验室，致力于为孩子们的安全保驾护航。

贝比拉比还与高校实验室进行研发合作，它与汕头大学生物医药与先进材料研究中心合作，由该中心提供技术支持，势必让品牌在产品研发上更加高效。

同时贝比拉比还在国家药品监督管理局特殊化妆品进行了注册备案，有备案更放心！希望各位都能信任贝比拉比，希望每个宝宝都能更安全地玩。

（选自公众号“远方好物素材”）

3. 社群活动文案

（1）社群活动文案的概念。

围绕社群即将进行的某项活动而专门撰写的文案被称为社群活动文案。撰写社群活动文案的目的是让社群用户明白活动的基本内容，即活动的举办方、时间、地点、规则、流程等。

（2）社群活动文案的写作。

一般来说，社群活动文案包括活动分享、内容简介、答疑准备、结束总结4个部分。

①活动分享。

一般来说，在进行社群活动的分享前，需要提前做好相应的准备，之后才能进行活动分享或活动预热。因此，在发布文案前需要明确分享的内容、是否需要提前发通知以及分享暖场等。

②话题交流。

话题交流也需要经过专门的组织和准备，需要进行讨论预习、预告暖场、进行讨论、结束讨论等环节。

③答疑准备。

在讨论活动中，社群用户可能提出问题或发出质疑，因此在文案写作时要提前进行预设，准备好答疑问难的工作，以保障活动的顺利进行。

④结束总结。

活动结束后，要将本次活动中引发热烈讨论的资料汇总归档，比如创意海报、受欢

迎的礼品和暖场游戏等，同时还要总结本次活动的亮点和不足，以便输出复盘报告。（图5-12）

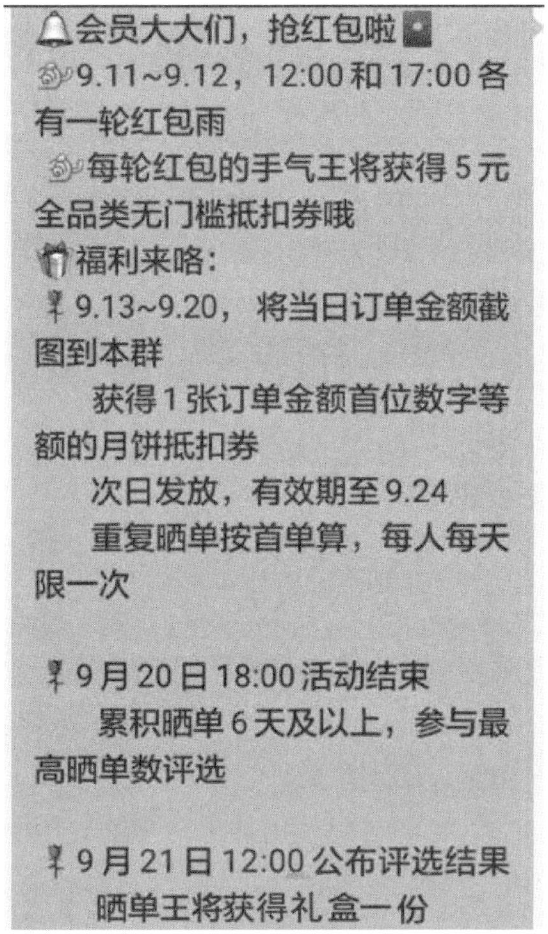

图5-12　社群活动文案案例

4. 社群文案写作的注意事项

（1）文案开头要有吸引力，要激发用户的阅读欲望。

文案开头的第一句话，一定要吸引用户。文案可以将重点内容隐藏起来，给用户设置一个悬念，以提高用户的注意力，促使其阅读。

（2）文案要明确用户的需求，激发用户的需求。

要在精准研究用户需求的基础上创作文案，即要明确文案的目标用户是谁，他们有什么特征，有什么需求，否则就很难引起目标用户的注意，激发他们的需求。

（3）文案要输出优质的内容

文案内容不应是简单的事实陈述和一些机械的鼓励话语，应有题目、有内容、有细节等，要条理分明，激发起用户的期待。

（4）文案内容要简短精准，不能过于烦琐。

文案内容要简短精准，即文字不能太多、太啰唆，要尽量简洁、干脆，遵守“少即是多”的原则。

5.5 短视频文案

随着互联网的发展，短视频成为大众喜爱的新型内容传播形式，而抖音、快手、微博、微信、微视等短视频平台则逐渐成为目前比较热门的新媒体表现平台。短视频不仅在这些新兴的媒体平台上被广泛传播，在一些主流的互联网社交平台，甚至是电商平台，也逐渐成为一种重要的内容传播形式。可以说，短视频已经成为一种新的互联网内容消费趋势。与短视频同时产生的短视频文案能够帮助用户更好地理解视频的主题，能突出视频的重点，提高用户对视频的好感度。

5.5.1 短视频文案的类型

1. 搞笑类

搞笑类视频是主流的短视频形式之一，其粉丝数量比较多，上升速度快，粉丝黏性强。人们在互联网上获取信息的同时可以尽情地娱乐、消遣，因此搞笑类的短视频文案在各个新媒体平台上都有强大的生命力。

如傅首尔的短视频文案，在视频播放的过程中，能给用户传递人生哲理和很多笑点，能缓解人们在现实生活中的焦虑。举例如下。

①尘归尘，土归土，该难的难，该苦的苦。

②愿富有的你不迷茫，低谷的你不躺下，飘起来的多飘会儿，坍塌了就养养神。

③受伤的情患可愈，窘迫的愁眉得展。

④有事儿干竭尽全力，没人爱想开一点，征服不了星辰大海，控制好食欲也行。

⑤毕竟，新一年也不过十二个月而已。

2. 资讯类

新媒体诞生后，新闻资讯改变了传统的报道形式，转变为以短视频为主的新形式进行，用户可以在实景画面中通过视频和文案获得更多、更丰富的信息。（图 5-13）

3. 才艺类

短视频是人人都可以参与制作的，因此各行各业有才艺的人都能通过短视频发声，能发表自己的作品，聚集相同兴趣的用户。才艺类文案就是如此，但其专业性比较强。（图 5-14）

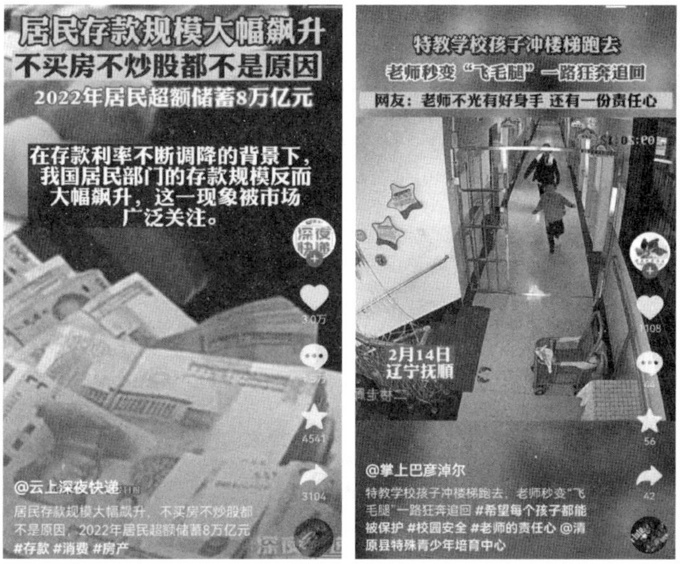

图 5-13　资讯类短视频文案

图 5-14　才艺类短视频文案

4. 情感类

情感类短视频文案容易引起用户的精神震撼，让用户感同身受，引发用户共鸣，因此很容易获得高播放量以及高点赞量、收藏量和分享转发量。在情感短片领域，最常见的是系列短剧。这种小剧场能迅速感动用户并引发情感共鸣，还能吸引用户观看后续的情节，从而获得更高的播放量。

5.Vlog 类

现代社会是人人都可做自媒体的时代，很多人用视频记录、分享生活，Vlog 作为一种新兴的视频形式产生了。Vlog 和 Vlog 文案以其真实性和社交性吸引了很多用户。抖音账号“@ 石村小月”的 Vlog 就是以记录山村的日常生活为主，其主要目的是不断传递着爱与温暖。

6. 微纪录片类

这种短视频的内容多以纪录片的形式出现，内容制作精良，已成为短视频的重要组成部分，其文案也是创作的重要组成部分。抖音账号“@ 实录人文”“@ 乡愁”等就是纪录片类。

除以上短视频文案，还有美食类、干货分享类、旅行类短视频文案等。

5.5.2 短视频文案的特点

1. 通俗易懂

使用通俗易懂、接地气的语言能拉近与用户的距离，短视频文案一般使用第一人称或昵称，不用拗口、专业的词语。

2. 简洁明了

现代社会，人们生活的节奏比较快，所以短视频文案应精简，选择有代表性的语句，简单将视频内容和主要观点表达出来即可，这样更容易传播。

3. 情感描绘

在短视频文案的写作中，从用户的角度出发，融入情感元素，并声情并茂地进行表达，才能以情动人，获得更多用户的支持。

4. 与众不同

短视频时代，内容的原创力是其核心竞争力。文案的内容要在法律、平台规则的允许下做到与众不同，有自己独特的风格和特色，才能吸引用户，才能持续发展。

5.6　文图结合时的注意事项

新媒体文案通常以文图相结合的形式出现，文字与图片互为补充和说明，以便给用户更好的视听感受。

要选择高清的图片，不要选择有侵权嫌疑的图片，可以使用网站中的一些免费图片，也可以购买如创客贴、稿定设计等网站的付费图片，也可以自己设计。

图片要简洁明了，一目了然，富有创意，突出主题，其排版要符合用户的需求。在同一篇文案中，所用到的图片版式要统一，总体的色调、大小要一致。文字和图片之间、图片和图片之间要有一定的距离，不要太紧凑。

图文的排版要美观。文字的字体一般是楷书、行书等，具体设计时，还要考虑不同新媒体平台各自的要求，因为有的新媒体平台将文字默认为楷体、宋体等，有的则可以自由设置。

文字的字号应根据新媒体的内容进行选择，合适的字号能够让用户产生视觉上的舒适感。现在的用户大多使用手机观看视频，因此文案的设计还要考虑手机屏幕的大小。字间距、行间距、段间距应根据个人的喜好、用户的习惯进行调整。文字颜色以黑色和灰色为主，有时为了通过颜色来区分重点，也会运用红、蓝等颜色的字体。

新媒体文案的写作者在给用户提供好的文案内容时，也要注意全文的排版，以便用户产生愉悦的阅读体验，这样才有利于打造爆款文案，才能吸引更多的用户。

本／章／实／训

1. 案例分析

阅读以下案例，分析例文中所运用的具体写作方法。

美貌与实用并存的定制衣柜需具备的六项条件

房子装修好以后，家具的定制就逐步提上了日程。如何选择合适的衣柜成为不少家庭非常苦恼的事情,因为他们想要的家具既要实用，又要好看，当然还需要兼顾一定的安全性。具体应该怎么选择呢？下面就和大家分享定制衣柜应该具备的六个条件。

（1）要多设计抽屉。

在设计衣柜的时候，抽屉一定要多。有些人觉得抽屉空间小，装不了很多东西，但抽屉可以收纳各种小衣物，可以让衣柜的空间得到更合理的分配，比如可将袜子、皮带、内衣等放到不同的抽屉里，既美观，也方便后面拿取使用。

（2）合理选择挂衣杆的高度。

在确定挂衣杆的高度时，要结合家人的身高情况。一般家里有小孩和老人的，应根据他们的身高来设计不同的挂衣杆高度，以方便每一个人都可以随意挂取衣服。

（3）合理分配五大功能区。

一般的衣柜都有五大功能区：叠放区、裤架区、长衣区、短衣区、被褥区。在设计的时候一定要合理分配这五大区域，比如家里的长衣服比较多，就应该把长衣区划分得多一点。

（4）使用阻尼铰链。

阻尼铰链就是合页，一定要让商家给每扇门上都装上阻尼铰链，以避免门与柜体发生磕碰，造成封边松动。阻尼铰链还可以避免衣柜发出噪声，避免影响家庭其他成员休息。

（5）衣柜要到顶。

设计的衣柜一定要到顶，不要在上面预留空间。如果衣柜与天花板之间预留空间，上方就特别容易积攒灰尘，清理起来非常麻烦。一般定制柜都有收口条，如果你觉得不好看，可以在收口条上再走一圈石膏线。

（6）使用环保材料。

衣柜的质量是否达标，也是尤其要注意的事情。近年来，甲醛超标而造成的健康问题层出不穷。

大家在进行家具选材时，可以考虑HJ生态板。

HJ生态板，甄选源自东北地区30年的优质白杨木为原材料，具有超强韧性、硬度佳、耐磨性好、使用寿命长等特点，同时配以国际先进的全自动生产工艺，采取30多道精细工序，以确保板材的附着力以及纹理的自然通透性。HJ生态板的环保等级可达E0级，并且拥有优异的防潮性 能。HJ板材通过不断推陈出新，在市场上赢得了良好的口碑，并获得了多项国内认证及荣誉。

拒绝家装污染，应从源头抓起，“做健康板材，为社会服务”，华杰木业从不懈怠给您一个环保健康的家！想要了解更多，可以关注我们，与我们联系！我们下期见！

2. 写作练习

（1）为某一上新产品写一篇公众号推广文案，包含文案的标题、正文、封面和摘要，要凸显产品的特点、功能、构成、理念等，同时注意排版、配色等方面的视觉效果。

（2）围绕某一护肤品的相关卖点写一篇微博短文，要在内容中关联一些微博名人、热点事件和美妆达人，要掌握在文章中植入品牌或企业信息的方法。

（3）写一篇社群活动文案。在写文案前，要先列出活动的时间、主题、嘉宾，并通过@全体成员（或@所有人）的形式，提醒所有社群成员查看。

第六章 新媒体文案的传播

学习目标

从新媒体诞生起，新媒体文案就成了一个不得不谈的话题。在这个“内容为王”的时代，再漂亮的排版、再多的科技呈现方式，都没有好的内容引人注目。只有准确地了解新媒体的传播特点、方法以及用户的需求，新媒体从业者才能更好地把握写作的方向，写出具有竞争力的精彩文案。本章主要讲述新媒体文案的传播特点，以便大家了解新经济模式下新媒体文案的传播方式。

6.1 新媒体文案传播的特点

近年来，随着互联网技术的发展及手机移动客户端的普及，新媒体因其低廉的成本成为各行各业首选的推广和宣传方式。新媒体已渗透到每个人每天的生活和工作，我们每个人几乎每天都在使用各种各样的社交媒体平台以及 App，比如微信公众号、微博、头条号、知乎等。新媒体文案在新媒体营销和推广中之所以起着举足轻重的作用，主要是因为一个好的文案可以为商品、服务乃至理念带来巨大的流量。如果这种流量可以转换，就是一种可观的商业价值。因此必须对新媒体文案传播的特点加以分析。

6.1.1 新媒体使用群体，即新媒体受众的特点

（1）用户群体的时间碎片化。人们工作、学习、社交等已消耗太多的精力，所以偶尔拿出手机获取资讯、娱乐甚至学习，也只是利用碎片化的时间。如何争取用户的碎片化时间就成为所有新媒体端口竞争的焦点。大数据显示，21 点 30 分到 24 点才是用户群体最活跃的时间。那么什么样的文案才能够吸引广大“夜猫子”的目光呢？很显然，感性诉求文案与理性诉求文案相比，在夜里更容易戳中用户的内心，也更容易引发消费冲动。

（2）用户群体在短时间内需接受大量的信息。信息大爆炸的时代要求受众获取信息的效率必须大幅提升，也会导致用户对信息越来越麻木。新媒体使信息的真实性和有效性缺乏精准的考证，而这与用户更希望得到有价值的信息的初衷无疑是相悖的。如果要获取更有价值的信息，用户就需要付出更多的精力和时间，而这显然和用户的时间碎片化也是相违背的。

因此，为了抓住用户的兴趣点，让用户尽可能长时间地停留，就需要平台在内容上下功夫。新媒体文案的内容篇幅不宜过长。在保证可读性、趣味性的同时缩短篇幅，让核心内容一目了然，抛开单一的图文形式，合理添加有声电台、短视频等形式，使内容尽量丰富，进而使传达的内容更直观、更好看、更多样，这就是内容运营的核心。

（3）用户对时效性的要求更高。这里谈到的时效性，强调的就是追热点。所谓热点，就是每一个新媒体从业者都十分关注的点，他们追热点的目的就在于需要从流量池获取更多的流量，以提高品牌的曝光度和影响力。用户习惯浏览当下的热点新闻、热搜消息、热门观点，因为“新”永远是媒体的生命。如果新媒体的运营人员能够结合这些热点内容，辅助自己的品牌进行推广运营，那么他就获取了流量的重要通道。所以，新媒体内容的时效性相较于传统媒体更为重要。

6.1.2 好的新媒体文案应该具备的特点

（1）基于新媒体从业人员良好职业素养和职业道德的原创性。网络时代，文章的原创和伪原创的界线非常模糊。内容创作者将自己的思想完全独立呈现是原创，通过别人的选题启发自己，进而搜集材料进行重组并用自己的语言重新排版优化，这也是原创。这两种创作方式的原创性显然是不一样的。所以，内容够不够精良，需要新媒体人在吸收的过程有自己的思考，有自己的思想。如果新媒体从业人员缺乏了这样的匠人精神，只满足于在网络世界里东拼西凑，必然不会创作出打动人心的文案。

（2）基于互联网“网感”的趣味性。我们常说众口难调，新媒体的受众更趋于分众化、小众化。有人钟情于心灵鸡汤，有人喜欢感人肺腑的爱情故事，有人喜欢看影视

评书，也有人喜欢看娱乐八卦，还有人喜欢看成功学。虽然大众的喜好各有不同，但所有人拿起手机都是为了让自己快乐，而不是为了让自己痛苦。因此，我们在创作文案的时候要尽量保证文案具有趣味性，但趣味性并不等于恶搞，它仍然需要抓住人的痛点、难点、笑点。

（3）基于满足用户喜好的“好”文笔。新媒体环境之所以称为“新”，是因为传播渠道的变化。传统大众传播的基本职能是“播”，比如我们耳熟能详的广告——脑白金的“今年过年不收礼，收礼还收脑白金”，以及“恒源祥，羊羊羊”等，它们开启了中国广告界的创意先河。这样的广告之所以成功，得益于当时的传播环境。因为传统的传播链只需要完成“播”就可以让大家被动接纳，即使枯燥无味，即使公众对广告印象非常差，也能够为产品带来极大的销量。

如今，传媒在发挥其基本功能时，已经从“播”转为“传”。传统传播渠道中受众只能被动接受信息的情况已然发生了极大的改变，他们在新媒体兴起的环境中释放了极大的话语权。由于传播模式发生了变化，且这种变化是对传统媒体的颠覆，所以大众开始自己生产内容，从之前的博客、人人网、开心网，到现在的微博、微信、抖音等，它们都已经具备了自媒体的双重属性，受众在接受信息的同时也在输出信息，同时用户和平台还可以利用平台和周围的人展开充分的讨论，以形成一种自生产、自传播、自消费的新型传播系统。传播者和受众的关系趋于平等，所以在新媒体环境中，人处在强关系中，意见交换开始更多地发生在具有相同或相似价值观的圈子中。而随着媒体传播方式的不断发展，人们在大众传播的过程中不断附加其他各种功能，比如意识形态劝服、商业劝服，以及当前被大量使用的“新闻寻租”。

这样的商业模式反向引导了传播媒体的选题，运营内容不能仅仅靠播，而要靠“传”，“人人相传”或“口耳相传”。既然如此，那么新媒体文案的“好”和传统概念上的“好”并不相同，这个“好”更倾向于对用户进行“洗脑”，也就是一些高能的输出。如“妈妈我想吃烤山药”，这个文案的核心价值并不在于文笔有多好，而在于它接地气、懂行业，能为新媒体平台带来招牌效应，如支付宝曾经的文案——“再也不用排长长长长长长长长长长长长长长长长队了”；微粒贷的文案——“你知道吗？河马的汗是红色的。另外，微信能借钱了”。这些文案都不在于其文笔有多好、多动人，而是因为它们个性化的输出和表达，能对受众形成“视觉锤”，进而对受众完成“洗脑”。

课堂讨论

查阅相关文献，谈谈你喜欢的新媒体文案在哪些方面进行了创新？

6.2 新媒体文案传播的属性

我们会发现，即使不是专门从事新媒体文案相关工作的人，“传播”能力也已成为大众立足职场的基本技能。很多研究表明，几乎所有企业主对下属的能力要求首选口头传播能力。

传播学科的创始人威尔伯·施拉姆就曾经说过：“传播没有只属于它自己的土地，传播是基本的社会过程。”我们首先要明确，传播最基本的功能就是满足社会需求、发展和探索自我、交流信息、影响别人。基于以上四个基本功能，我们在新媒体的传播环境下就要做进一步的探讨：怎样的文案才更容易满足这些基本功能？什么样的文案才更容易影响别人，进而更容易被受众主动传播？什么样的文案才能引起大范围的广泛传播？

6.2.1 符号化——让文案自带传播属性

符号化，即借用语言符号、视觉符号、味觉符号等，让受众更容易记住，因为符号化的产品天生具有被传播的基因，更适合口耳相传。所以文案写作可以包含品牌名字、广告语、标志设计、产品包装设计甚至产品服务体验等相关符号。如何让文案符号化呢？我们一般采用以下几种方式。

（1）具象化。具象化事物是指一些具体的形象，也就是能够引起受众联想的事物。比如锤子手机，“锤子”不仅能够让人们一听就明白它的形象是什么，也能够让人们感受到这个品牌所倡导的工匠精神。因为锤子是工匠常用的工具，也是工匠的一个符号，因此在形象设计上直接使用锤子能让品牌的名字和形象迅速成为一个超级符号。再比如“大白兔”，作为一个零食品牌，针对的受众大多数是小朋友和年轻人，它的品牌名称既能让人联想到大白兔这样一个活泼、可爱的动物形象，也可以让人联想到白白的、丝滑的、软糯的、温馨的品牌调性。类似的品牌名称还有苹果、小米、天猫、小天鹅等，它们都具备这样的联想功能。

（2）人格化。人格化形象即使用人名来给品牌起名。它的好处有两个：①便于记忆，如老干妈、张小泉、马应龙等；②可以给人一种亲切感，让人感觉它就像自己认识的一个朋友，能拉近品牌和受众之间的距离。

（3）使用符合行业特征的通用词汇。比如物流行业有圆通、申通、中通、汇通等，都强调了物流的“通畅”。

（4）几种方法相结合运用。具象化事物、人格化形象、符合行业特性的常用词汇可以相互结合，共同达到已知符号的效果。

比如，近几年崛起的网红坚果品牌——“三只松鼠”。松鼠是一个具象化的事物。该品牌的名字采用具象化事物和行业特性相关联的方式——松鼠爱吃坚果，因此这样的一个品牌名称不仅好记，而且能让人一听就明白这个品牌是做什么的，也能让人马上感受到品牌活泼的风格。不仅如此，三只松鼠还有具体的名字——“松鼠小贱”“松鼠小美”“松鼠小酷”，它们性格各异，但卖萌、美丽和智慧的精准定位击中了消费者的心理，拉近了与消费者的距离。

内蒙古有一个品牌叫“一把木耳”。“一把”能让消费者立即联想到吃木耳时一把抓的动作，同时，“一把木耳”也携带了天然、淳朴的相关记忆，让人感到亲切。

人格化形象和行业特性也可以结合，如谭木匠。这个品牌的名字一听就知道是木制品行业的品牌，“木匠”属于行业通用词汇，这个词汇的背后有传统、手工、工匠精神等印记，而谭又和“檀”同音，有古朴沉郁之感。米老头这个米制品零食品牌也是用这样的方式取名的。该品牌用一个亲切的卡通老人形象，让人在感受亲人般的关怀的同时，也能感受到食材的原汁原味。

6.2.2　社交货币——让文案发挥传播属性

人类是群居动物，大部分人都有很强烈的意愿主动与他人分享与自己相关的信息。微信朋友圈就是集社交与商业于一体的成功产品。人们不仅会分享自己的生活，而且也会分享自己看到的有价值的新闻，分享自己使用的商品、服务等。这些被分享的内容就是社交货币。社交货币主要用来树立自我形象，即“人设”，信息是否具有社交货币的功能是其能否得到受众主动分享和传播的关键。

6.2.3　附着力——让文案产生持久的影响

附着力是指文案应像胶水一样，能将信息粘贴到受众的脑海里，也就是文案的创意与观点在让受众听懂的同时还能被受众记住，同时还能尽可能地形成持久的影响力。在体验型经济时代，消费者不仅注重商品和服务的质量，更渴望获得体验。如果说传统的文案只是作为单纯的产品销售工具，那么在新媒体时代，体验则成为用户一种新的核心价值需求，因此在文案创作时必须立足人的五感，即视觉、听觉、嗅觉、味觉和触觉。因此，了解刺激大众感官的方式并加以利用，对每一个营销者、新媒体从业者来说都意义重大。

6.2.4　口语化——让文案更容易传播

在新媒体环境下，什么样的文案更易传播呢？这要回归到传播的最初渠道，也就是口耳相传上。口耳相传归根到底是一种语言现象，也就是一个人说给其他人听，它不是写出来让人读的书面语。只有口语化的文案简洁有力，员工、顾客才更容易把这句话说给其他人听。

如“农夫山泉有点甜”不仅突出了农夫山泉的水质，也用非常直观的方式展现了口感。再比如美团的广告语“美团外卖，送啥都快”，不仅口语化、简洁，而且朗朗上口，非常押韵，既便于记忆，也易于传播。但我们要注意，口语化的文案能够让人脱口而出，就意味着其通俗易懂，但通俗不是低俗，切记不可以流于低级趣味。

6.2.5 行动力和号召力

行动力就是在文案中加入动词，使其更容易达到促进行动的效果。以“打土豪、分田地”这句口号为例，其中的“打”“分”就是号召大家行动起来。还有某饮品的广告语“今天你喝了吗”？本身就是号召大家饮用的一种行动暗示。

号召力就是通过文案宣扬品牌的理念，一旦品牌具有了号召力，就能促进消费者主动分享与传播，这样不仅拥有高曝光率，而且还增进了消费者对品牌的认识和情感。比如陌陌的文案“就这样活着吧”“世界上所有的内向，都是聊错了对象”，让一些不愿意改变的人找到了不改变的理由，而对于喜欢创新、喜欢尝试不同生活方式的人也同样有号召力，号召他们勇敢“做自己”或“尝试改变”，这种文案很容易引发受众的共鸣，进而激发受众主动分享。

课堂讨论

作为新媒体从业者，如何利用人体各感官的共性来进行文案创作？

6.3 新媒体文案传播的方法

随着互联网技术的飞速发展，移动手机客户端等已经成为人们获取信息、提升认知的主要载体，大数据、人工智能等技术正在渗透到社会的各个领域，并影响着人们的思维。新媒体技术使得信息的传播更加快捷、信息的接收方式更加多元、信息的处理方法更加多样，因此新媒体的传播者应精准掌握新媒体发展的走向，明确新媒体文案传播的方法，这样才能占领更为广阔的新媒体空间。

6.3.1 “传者”即“受者”的互动传播

在新媒体时代，人们时刻处在数据海洋当中。据统计，抖音的用户总量已经超过 10 亿，日活用户达 1.5 亿；微信用户超过 13 亿，日活用户超 8 亿。由此可以看出，立足于大数据的时代背景，在诸多的 App 中，“传者”和“受众”之间的界限日趋模糊。个体是数据的接收者，同时也是数据的生产者。一方面，受众利用碎片化的时间在网络中浏览、转发、收藏与下载，这是他们接受数据的过程；另一方面人们又在不停地撰写和发布内容，开展各种活动，并在网络上留下痕迹，这是他们生产数据的过程。内容的接收者同时也是内容的生产者，因此几乎所有人的生活都与信息的产生、存储、传播与更新有关。

新媒体的兴起给传统媒体带来了巨大的挑战。它要求传统媒体不断与新兴媒体融合，走上融媒体之路。而新媒体的双向传播机制使每一个人都成为信息传播的主体和接收者，它迫使新闻报道的参与度不断提高，同时也导致新媒体新闻的价值密度变小，即便其信息量巨大。随着大数据时代的到来，新媒体文案的传播依托大数据的体量、速度、复杂丰富的样式以及价值密度较小的数据而产生，其传播更加多元，其对用户黏性及信息有用性的分析更加精准。

6.3.2　依托大数据进行传播

用户的喜好可以通过多样化的数据反映出来，用户的情绪也可以充分被反映，所以，受众的舆论动向也可以及时体现在大数据上。这使得新媒体文案的内容在传播的过程中可以兼顾社会大众，也可以只给予个体情绪以关注，使其在传播的过程中可以发挥正确的舆论引导作用，让受众舆论朝着正确的方向发展。

大数据可以使商业价值与信息传播更有效地结合起来，实现对用户的精准营销。企业通过大数据技术对用户的年龄、性别、职业和地域等进行精准分析，进而对其消费喜好及潜在的消费倾向进行分析，最终形成完全迎合用户消费偏好、消费习惯的文案。

从最初的纯文本内容传播，到现在的图片、音视频内容相结合的传播，新媒体的传播数据体现出非结构化的特征。而这也恰恰是基于强大的大数据产生的。用户通过各种 App 实现行为与痕迹的留存，进而被大数据技术采集、归类和处理，用户也可以接收到平台的个性化推荐。如抖音、西瓜、快手等短视频平台的内容制作和传播都体现出垂直化、分众化的特点。以抖音的传播为例，大数据技术对所有的内容进行采集分析，然后根据用户的偏好对相应的内容进行分类投放，使得有一定偏好的用户可以获得相同内容的推送，既实现了同类化项目的竞争，也使得信息茧房得以产生。

6.3.3　AI 技术融入新媒体文案的传播

随着新技术的发展和革新，AI 技术的融合也成为新媒体发展的必然趋势。AI 在人的生产、生活中的参与程度逐步加深。2018 年 11 月 7 日，AI 技术合成的主播在第五届世界互联网大会上发布，其运用最新的人工智能技术，克隆出与真人主播拥有同样播报能力的分身，在新闻领域开创了实时音视频与 AI 真人形象相结合的先河，此后，AI 技术在新媒体领域开始突飞猛进。2018 年 11 月 25 日，新华社媒体大脑 · MAGIC 智能生产平台上线，它在不到 1 分钟的时间内就生产一条有字幕、有配音、有转场的短视频，在经过最后的人工调整和审核后，我们几乎看不出这是机器人的作品。而最近走进大家视线中的 ChatGPT，几乎可以实现写作功能，给人类劳动带来了技术性的挑战。如今，百度、阿里、今日头条等新媒体平台都建立了人工智能实验室，它们可以通过用户的搜索或者互动行为对用户需要的内容进行推荐，实现更精准、更快速的内容传播。由此可见，未来，AI技术在新媒体传播领域一定会发挥出巨大的作用，使新媒体文案的传播更具技术优势和速度优势。

课堂讨论

如何理解传播媒介由“播”到“传”的变化给文案创作带来的影响？

6.4 新媒体文案的特征

随着中国互联网技术的普及、网民素质的提升，以及移动互联网社会化应用的普及，移动智能终端已经成为信息传播的主要方式。人们使用手机登录微信、微博、新闻客户端等新兴传播平台，以期从中获取需要的知识、信息、技能。借助大数据技术和人工智能，新媒体已经渗透到了人们的日常生活、工作、学习中，而新媒体文案的传播也由此进入了发展黄金期。

与传统媒体相比，新媒体传播呈现以下新特征。

6.4.1 传播主体大众化

在传统媒体的传播过程中，传播者和受众的划分非常明显，传播者掌握了传播的主导权，换句话说，传播机构掌握了绝对的传播数量、传播质量、发布渠道、发布内容。而受众对于信息的接收则完全处于被动状态，受众的认知水平受限于传播者的认知水平。

而在新媒体时代，传播者与受众的界限逐渐变得模糊。这使得传播者的话语权被打破，受众的主体性得到强化，越来越多的普通人参与到信息的制作和传播过程中，传播主体呈现大众化的特征。

6.4.2 传播速度高效化

新媒体环境中的传播，其一大特点就是速度非常快，与传统的纸媒、广播媒体以及电视媒体不同，新媒体的审核、审查机制相对宽松，制作周期短，制作成本低，发布也不受时空的限制。随着数字技术的进步和智能终端设备的普及，新媒体内容制作过程简化，门槛低、投入低、成本低。人们只要手持手机，就能制作信息并发布，实现信息的即时性传播。这对于提升信息的密度、传播速度、二次传播速度无疑都具有重大的意义。

6.4.3　传播的互动性、个性化增强

与传统媒体的线性传播方式不同，新媒体的传播方式呈现网状、辐射化的特点。同时传统媒体传播的方向较为单一，而新媒体传播呈现双向互为传播者和受众的特点。无论是在传统媒体还是新媒体环境下，要想实现信息的有效传播，就要充分了解受众的喜好。无论是何种传播方式，内容都要符合受众的品位、满足受众的需求，所以，客户的喜好必须成为传播者首先考虑的因素。

以传统的纸媒为例，其互动性非常有限。信息的传播者可以通过读者来信等形式与信息的接收者进行互动，但传播者必然不能及时了解受众的需求，而受众的意见和反馈也会受到时间和空间的限制，所以传播者无法针对当下受众的需求进行内容上的调整和适当的变通，导致读者在写信时困扰很深的重大问题在收到回信时早已成为过眼云烟。其他的传统媒介，比如电视、广播，虽可以通过即时打电话的方式与受者沟通，但受到节目时长、沟通不及时等问题的限制。

在新媒体环境下，技术的高度发展已经为传播者和受众之间的互动扫清了障碍，且提供了广阔的平台和空间。传者和受者可以通过多样的互动形式，打破时空的限制，随时随地进行交流。例如，手机客户端的新闻资讯在传播过程中，传者可以通过受众点赞、评论、转发和分享等的数量去判断新闻的价值，广告文案也可以通过此方法去判断到达率。这是最简单的互动方式。除此以外，短视频、直播等方式，都为受众开展即时互动提供了更好的空间。如在 2021 年的“两会”上，《人民日报》的微信客户端就推出了一个互动类游戏，《人民日报》在手机客户端展示了一个“日”字，让受众加一笔变成另一个字，然后客户端会从“两会”的关键词中选择与变化后的字相关的一些内容进行推送。如果有些受众想不出来，这个游戏还鼓励受众通过转发分享的方式邀请好友助力。这种方式在提高分享数据的同时，增强了知识的趣味性，在互动性的基础上又传播了知识和新闻。

通过以上例子，我们会发现新媒体为每位受众提供了肆意发挥、尽情展示的个性化平台，同时也为传者提供了更加灵活、多元化的表达方式。对受众而言，海量的信息能够满足不同需求的受众；对传者而言，不受限的创意发布形式也能够让更多的传者有更多的个性化表达渠道。

6.4.4　传播内容分众化

在传统媒体中，传播者对用户的画像不清晰。当然，随着传统媒体的发展，也会产生一些分众化的内容，但总的来说，其内容生产很难满足个性化的信息需求。而新媒体则不同，为了实现传播效果的最大化，新媒体的传播必然会针对更多的职业阶层、社会角色以及兴趣偏好提供不同的信息服务，以实现信息传播的分众化。换言之，在新媒体传播行为发生之前，就要构建新媒体宣传文案目标用户的画像。这种建立在一系列真实

数据之上的目标群体的用户模型，包含但不限于社会属性、行为属性以及心理属性，如性别、年龄、兴趣、家庭状况、职业等，它为内容的生产提供基础，也有利于将文案的焦点放在目标用户的动机和行为上。同时，这些职业、阶层、社会角色、年龄、性别以及不同兴趣偏好的分众也会通过搜索的方式查找信息。

这样的传播方式从根本上颠覆了传统传播模式的底层逻辑，使得传播者选择传播内容的时候，要考虑到为不同兴趣偏好的受众提供不同的信息服务，以建立了一种“我喜欢什么，你就制造什么”的新型传播模式。受众在兴趣相投或者利害相关的情况下，逐渐形成小众群体，比如组建网络社团、微信群等。贴吧是早期的小众聚集交流群，而今天的豆瓣、LOFTER 等 App 则为志趣相投、个性张扬的小众群体提供了更加成熟的技术支持和分众化平台，甚至为小众化的信息需求提供保障。

我们得出了这样一个结论：传统媒体的传播模式是“传播者—内容、渠道—受众”，在这个模式中，传播者的形象是清晰、固定、权威、有控制权的，而受众的形象是被动、庞大、分散、受控的。而在新媒体传播环境下，传播者和受众的界限非常模糊，越来越多的非职业传播者正在通过新的媒介成为信息传播活动的主体，他们既接收信息，同时又传播信息；他们既体现自我传播的需求，同时也通过传播表达自己的价值观，进而吸引和自己三观一致、喜好相同的人，有效而主动地建立个性化的信息传播微环境。所以，新媒体传播的传授关系变得更加复杂，呈现去中心化、平等化与和谐化的特征。

6.4.5 新媒体文案传播的注意事项

如何最大限度地实现新媒体作品的有效传播，能用作品影响人、启发人、引领人，或者至少可以产生一些效应，就成为我们急切需要关注的问题。对于新媒体的创作者来说，掌握新媒体写作的传播要领，明确以下注意事项，或许可以在增强作品的传播力上发挥一些作用。

1. 不能为了广告而写文案

作为新媒体的创作者，首先要抑制自己做广告的欲望，防止文案展示纯粹为了营销。即使是最忠实的客户，都不会喜欢持续的广告宣传信息。如果所有的内容都是为了营销，就会失去客户。在这样一个信息爆炸的年代，每一个营销者都在致力于让受众心甘情愿地掏出钱包，商家的每一次节日促销，都像是一种掏空消费者钱包的狂欢。久而久之，受众必然会对社交媒体营销中各种各样的优惠促销和商品信息表现出困惑，乃至厌烦。一旦这样的情况出现，再有意思的文案对客户而言都变得毫无价值。

产生经济效益固然是新媒体文案创作的一大动力，但是作为新媒体文案的创作者，一定不能只为了广告而创作，一定不能只为了营销而创作，一个好故事、好创意，才是文案产生的前提。

2. 尽量趣味化，尽量去低级趣味

现代人的生活压力巨大，大多数人打开社交媒体都是为了在接收信息的过程中能放松身心，能在娱乐中接纳，在接纳中娱乐。展示有趣味性的内容，是社交媒体营销文案取得成功的重要因素之一。如果新媒体创作者展示的内容非常乏味，那么客户就不会持续关注，甚至拒绝分享。因此新媒体的创作者要善用娱乐狂欢写作法，也就是通过设置特征鲜明的娱乐化内容，去激发受众的愉悦感，让受众自愿通过社交媒体转发文案，甚至按照文案内容的格式自行创作，以此在网络上形成文案群拍热潮，从而引起关注。

比如新疆伊犁哈萨克自治州昭苏县贺娇龙拍摄的短视频，其内容是她披着红斗篷，骑着枣红色的骏马，奔驰在新疆伊犁的草原上，使网友关于“侠女仗剑走天涯”的想象走进现实，从而引发了强烈关注。随后，她又将关注的热度转化为实际的行动，积极为家乡代言，获得了良好的口碑，也引发了很多人的模仿。这样推广家乡特产的行为，其底层逻辑就是娱乐性，也就是让受众获得趣味性、快感、猎奇感。这样的娱乐通常会借助一些社会文化元素和社会现象，比如贺娇龙传递出来的武侠感，很容易让受众感觉身临其境，被其感染。这种趣味化是一种觉醒、自洽且辩证的趣味，在迎合欲望的同时也控制了欲望，这样的文案会让人会心一笑，让人在获得快乐的同时，用更高端、更充实的内容丰富了自己的生活。高级的趣味往往都掌控在自己手里。

然而，很多新媒体文案在追求趣味化时，会不小心进入低级趣味的错误创造场域里。低级趣味经不起思考，它是用被欲望控制的愚昧继续滋长欲望，最后受众只能被趣味牵着鼻子走。

3. 监测阅读数据

作为新媒体人，阅读数据是一项非常重要的指标，它体现了读者对文章的接受程度，一般被认为是判断文章效果和质量最基本的标准。阅读数据好，说明关注文章的人比较多，直观反映出文章有较好的传播效果；阅读数据不好，说明文章可能存在一些问题，需要反思和改进。如果效果好，那么就要趁热打铁；如果效果不好，那么就要快速调整，布局下一种形式的内容。

在新媒体传播环境中，蹭热点是一种常用的宣传方式。我们一般把热点分为两种：常规性热点和突发性热点。比如每年的高考就是一个常蹭常新的热点，这是社会广泛关注的热点。还有一些事发突然的热点话题，也容易引发大众的关注，但同时也容易发生反转或引发一些不确定性，比如地摊经济、中国开启火星探测等。

在蹭热点的过程中，我们必须关注几个经验值参数，比如：人均好友数 HY。每个人微信用户的好友数量不等，有的社交狂人有上千好友，有的则少至一二百。我们设置这个数值 HY 等于 300。第二个参数是曝光率。曝光率是单位时间内展示的次数。曝光率

和每位用户的好友数是负相关的，也就是说一个人的好友越多，转发的文章在朋友圈里被看到的概率就越低。我们假定有一半的人看到标题了，曝光率等于 50%。第三个参数是打开率。虽然订阅号或者朋友圈里有很多文章，但订阅者不可能全部点开。我们姑且把它设定为 10%。根据：阅读率 = 曝光率 × 打开率。阅读率 =50% × 10%=5%。在 100 个潜在的读者中，只有 5 个人阅读了。

还有一些值得新媒体从业工作者关注的核心 KPI，如粉丝数留存率 ROI（即投资回报率），社群的用户活跃度以及贡献收入、单个阅读成本、进站成本、注册成本等，都是拉新、留存、促销、推广要关注的重要指标。

所以关注阅读数据、监测阅读数据的走向，对文案的精进、优化，寻找受众兴趣，提高经济效益都有着非常重要的作用。阅读与数据的监测也有利于新媒体人发现最新的笑话、最新的梗，知道最新的新闻，以了解新媒体对受众产生的影响，进而策划新媒体文案传播。

4. 尽量引发共情

任何传播都需要接收者感同身受，也就是让受众在阅读文案后不仅认同其观点，而且还有一种强烈的对号入座的感觉。比如星座测算能够在互联网中广受欢迎，就是因为“总有一款适合你”。

从某种程度上看，新媒体传播是自私的，因为所有的受众都可以选择自己想看的、自己喜欢的、自己作主的。所有的人都可以想关注就关注，想取关就取关，也不需要去新闻网站专门看一些自己可能并不关心的新闻，“我”想看的自然会有人推送给“我”。所以对于文案创作者而言，要想传播有效价值，就要和自己产生关系、能够引发自己的共情，能替自己表达他们心里所想。

这样的写作方法也叫做价值沟通写作法，是指在新媒体宣传文案中表达鲜明的价值判断，让受众形成强烈的价值认同和深度链接，进而激发受众的好感。新媒体时代价值观日渐多元化、个性化，不同群体有不同的追求，不同的群体有不同的表达价值观念的方式。所以在用价值沟通写作法创作文案时，要格外强调价值观的表征，注重价值观相同的目标群体，用价值观作为核心，观点新颖或者表达独特，能聚焦特定领域话题，激发受众强烈的阅读兴趣，进而引发其积极思考，并且可能与其产生强烈的共鸣，使文案脱颖而出。

同时，价值沟通写作法也需要新媒体宣传文案的创作者具有足够的敏锐性，能紧跟时事和潮流，能洞察某一群体的深层心理，能调整某一领域的前沿观点。在这一类的新媒体宣传文案中，价值观是表达的重点，通常会针对具体问题、具体现象进行深入浅出的探讨，也非常适合当下的碎片化阅读。只有观点清晰、明确，具有穿透力，才能引发价值观的共振。

5. 尽量让参与更直接

在新媒体环境下，人们的碎片化时间居多，注意力并不能长时间地集中在某一件事情上，这就要求传播者尽可能把抽象的信息处理成形象和直观的信息，也就是说，让受众的参与更为直接，使其尽量摒弃过多的思考和分析。很显然，激发人的情感参与要比激发人的理性思考容易得多。

微博大V河森堡有一篇文章，叫《我们为什么要放弃永生》，文章长约9000字，它讲的是生物为何会用有性繁殖来延续基因。这是一个很小众的科普话题，但是这篇文章的微博转发数是32000。再举一个例子，微博还有一个科普大V叫ENT，他在微博上发表的文章篇幅都非常短，而且内容也不像典型的科普文，反而更接近散文。可无论他写什么题材，转发数据都很惊人，比如他发表了一篇介绍一种叫漂泊信天翁的鸟的婚恋繁殖关系的短文，其转发量有5000+之多。

我们可以把这样的高传播量归因于他们本身就是科普大V，但实际上，在新媒体传播的环境下，以科普起家的人并不多，而这两位恰恰是很晚才在微博上崛起的。他们虽然入局晚，但却成为科普大V，恰恰是因为他们有效地降低了参与门槛。

让参与更直接的写作方法叫做邻家体验写作法。以这两位科普大V为例：他们摒弃了高高在上的专家、学者或专业问题讲解者的姿态，而是采用比较接地气的视角，用亲和力较强的方式将自己从事科学研究的经历、心得分享给受众。同时，他们的专业性信息也不容忽视，因为专业知识和专业观点才是受众尤为关注的部分。这样接地气的专家视角也适用于教育、医疗、个税等领域，即用专业赢得关注者的信任，用深入浅出的方式，获得关注者的喜欢。

央视新闻作为新闻联播的官方端口，已经采用了这样的宣传方式，推出了王冰冰这样平易近人的传播者形象。她一改过去严肃、端庄的新闻主播形象，而是用甜美的笑容、口语化的表达对受众关注的各类问题进行解答，她用浅显而专业的传播方式获得了很多受众的强烈信任。

6. 尽量让传播从无序走向有序，从熵增到熵减

有序总是相似的，而无序则各有各的方式。自然界当中的熵永远是增加的。信息熵，也就是信息的基本作用，就是消除人们对事物的不确定性。信息越来越冗余，互联网世界就越来越无序，这就是信息的熵增。如果我们想保持有序，就要把无序的熵排出去以达到熵减的目的。熵越少，互联网世界就越容易在有序中达成共识，所以我们做传播，就是要在无序和冗余的信息海洋里，帮助读者找到他们真正想要发现的内容。

可以用到的方法有两个——标签化和熟悉化，即用贴标签的方式让内容一目了然，并把不熟悉的内容和熟悉的内容进行套嵌。具体而言，就是任何一个媒体发布信息，都

要让读者在第一时间就明确、准确、直接地发现这就是他想要或不想要的内容。而这个贴标签和熟悉化的过程就是通过新媒体的运营和传播实现熵减。如果平台提供的内容需要读者费时费力地去寻找、思考、想象，那就不是好内容，因为造成了熵增。

7. 在新媒体传播过程中要注重文案自带的传播属性

面对大量冗余的信息，大部分用户其实只会关注其中一二家的同质内容以节约时间。因此新媒体传播者务必在做到完整表达宣传策略和创意要求的同时，力争每一句话、每一个词，甚至每一个标点符号都恰到好处，这样才能在复杂的互联网传播环境下获得用户的青睐。

8. 永远注重传播思维

法国社会学家布尔迪厄非常擅长用场域理论来分析当代社会的问题，他认为：一个场就是一个有结构的社会空间，每个实力场有统治者和被统治者，有在此空间起作用的恒定、持久的不平等关系，同时也是一个为改变或保存这一立场而进行斗争的战场。我们可以根据以上论断来分析今天新媒体人面对的新闻场。其实新闻场与文学场或艺术场一样，也是纯文化的特殊逻辑的存在场所，这样的场域要求传播者善用话术，在利用这些话术进行传播的过程中不断增强自身控制力，再通过运用各种方式加强与其他场域之间的关系，渐渐地对不同文化生产场的自主性构成威胁，也就是形成舆论。

新闻场与政治场和经济场一样，会受制于市场商业逻辑的裁决与考验，这也要求我们新媒体人要有一定的商业思维，通过对舆论的控制，形成经济效益，即注意力经济。

以上两点都要求新媒体从业者提升自己的传播思维，不能为一些“术”所累，比如寄希望于生产一些耸人听闻或轰动性的新闻标题，成为人人喊打的“标题党”。新媒体从业者应从逻辑的合理性和宣传的合法性方面提升自己的宣传思维，以便在宣传的过程中拉近与受众的距离，完成从“对立”逻辑向“是非”逻辑的转化。只有在“是非”逻辑下摆事实、讲道理，才会真正得到受众的喜欢，才会有人爱听、爱信、爱关注。只有用这样的传播思维影响人，沟通和传播才有效果。

9. 放弃一切已有定式，抛弃用粗暴的方式去衡量传播效果

在新媒体传播初期，有很多步入这个行业的传媒人迷信“日更”，认为只有日复一日地更新内容，才能获得受众的持续关注，在这样的“日更”指标下，很多新媒体从业者不惜牺牲内容，维持“日更”。在新媒体发展初期，在没有那么多新媒体账号可供受众选择的情况下，这样的方式可能会发挥一定的作用。然而在新媒体传播已经发展为“红海”的当下，其底层逻辑已经发展成为“内容 + 移动社交 + 参与感”，绝非仅仅因不断地更新内容就能吸引到受众。

那么，“内容”优质就成为吸引粉丝的前提，而吸引粉丝也是运营者进行内容生产的终极目标。它要求内容生产者和运营者必须要对内容进行判断，确保内容易于阅读、易于理解、易于引起目标受众的关注、易于被受众分享以及易于被受众找到。换句话说，吸引用户注意力并最大化地挖掘用户的商业价值的关键在于提供的内容是否有价值，是否能够增加情感触动点，是否能生产和推送定制化的内容。简言之，如今的新媒体传播环境已经不再看重内容的“量”，而更关注内容的“质”。

“移动社交”，就是针对用户的个性化需求为用户输出有助于社交的内容，以将陌生人沉淀为熟人。要注意的是，要取得用户的信任并实现这个目标还是需要借助优质的“内容”。

而“参与感”，即与粉丝进行互动。一般而言，设置自动回复和积极回答粉丝提问两种方式可提升参与感。因为运营者精力有限，自动回复的方式经常使用。自动回复的内容就成为给粉丝留下良好第一印象的关键。

综上所述，新媒体运营底层逻辑的 3 个关键点，实际上都离不开优质的内容。所以作为新媒体的传播者，要在不违反法律法规的前提下，不断增强内容的逻辑性，为内容注入新的价值观，甚至撤除过时的内容，重新编写核心内容，进而吸引粉丝。

10. 整合电视、广播、报纸、书刊、网络媒体等资源，做新媒体，也做融媒体

在当今的传播环境下，其实无论做传统媒体或新媒体，都要密切联系群众、服务群众、凝聚群众，换句话说，就是要时刻树立受众本位的意识。受众关心的不是传播者有多优秀，而是传播的内容能不能解决问题。所以，致力于推荐优质内容，这是留存新用户、提升粉丝互动、识别粉丝来源的关键。

如“蛙哥漫画”的成功，就在于它整合了传统和现代的传媒方式，成就了一种现象级的新媒体——融媒体。蛙哥漫画是一个漫画类的公众号，是青岛市觉知文化传媒有限公司公众号矩阵下的成员之一，在 2015 年 11 月 6 日，蛙哥漫画发布了第一篇文章，随后则以近乎井喷式的方式不停地吸粉。漫画是非常传统的文化传播形式之一，无论是国内还是国外的一些现象级文化传播，很多都是通过漫画来实现的，而蛙哥漫画既借用了传统的漫画传播方式，又利用公众号进行传播，建立了一种典型的融媒体传播环境。除了自身公众号的影响力，蛙哥漫画走向成功的另一个原因就是微博大号的转发，如“视觉志”。它现在是一个公众大号，号召力极强，它使蛙哥漫画拥有了非常好的潜在用户群体。随着微博大号的转发以及众多粉丝的推送。蛙哥漫画在前期的推广中节省了很多人力、物力、财力，也迅速地获得了用户的认可。

如果在做新媒体的过程中，能够整合电视、广播、报纸、书刊、网络媒体等资源，用媒体融合的方式投放、互推，经常举办一些新颖的活动来吸引粉丝，这将是一种极具前瞻性的传媒方式，也是未来每个媒体人都需要尝试的方式。

课堂讨论

传播微环境带来了哪些新型商业模式？

本／章／实／训

通过背景材料（见之后附件），请学生们精心准备相关素材，在讨论的基础上进行独立创意，并撰写一个平面广告及文案。

按照如下评分标准进行实训。

评分标准如下。

项目（共3项）	评分细则（共10点）	分数（满分100分）
整体构思（20分）	1. 能贴合主题精神，具有感染力和号召力	（10分）
	2. 能使品牌价值得到升华	（5分）
	3. 要有相关的主题注释或寓意说明	（5分）
文字（40分）	4. 文字简洁、精炼	（10分）
	5. 文字内涵深厚、富有艺术性	（10分）
	6. 文字有画面感	（10分）
	7. 文字整体风格统一	（10分）
创意（40分）	8. 关联性	（20分）
	9. 原创性	（10分）
	10. 震撼性	（10分）
合计		100分

附件

广告篇幅（长度）：一副或一系列；30 秒～ 4 分钟。

要求：平面广告文案创意；标准分镜头脚本。

项目名称：内蒙古商贸职业学院宣传广告片。

文案目的：加深人们对内蒙古商贸职业学院的了解、认知；提升内蒙古商贸职业学院在全国高校中的影响力；突出内蒙古商贸职业学院的办学特色和地方文化；为高考学生和家长的自愿选择提供帮助。

创意要求：（1）设计新颖，构思巧妙，可视性要强，耐看、好看、不俗；

（2）要符合广告法的要求，不可夸大其词，不可有虚假的成分；

（3）考虑音乐的选择或制作方案；

（4）创意易于表现，如采用电视拍摄、电影胶片拍摄、三维动画制作、平面制作的方法或表现手法；

（5）宣传图册（海报）包括标题（副标题）、正文、广告语；

（6）脚本主要项目包括镜头、时间、画面说明、配音、特效、景别，镜头的内容项目要对应。

第七章
新媒体文案的创作与传播案例

学习目标

新媒体文案产生了许多优秀作品。这些作品不仅在传播速度中展现出“新”势力，且在营销实绩方面也有所斩获。本章展示了一些优质新媒体文案，希望能够给读者一些启发，同时可以在一定程度上代表当下新媒体文案创作的方向。

7.1 不以“文采”制胜的文案

银联手机闪付：不打开 App 就支付，说对的话才更有力量。

移动支付方式要进入人们的视野，说些什么才能达到有效的沟通呢？银联手机闪付用“不打开 App 就支付”这句话，给出了答案。

“不打开 App 就支付”这句标语概括了银联手机闪付与其他支付产品最显著的区别，它是把产品层面的利益点集中在产品的使用感受上。当用户的认知还停留在传统移动支付方式和闪付技术时，这句话就刷新了用户的认知，提供了一种全新的不用打开 App 的支付方式，它充分唤醒了消费者的好奇心。不打开 App 究竟怎么支付？

不打开灯，能否照亮黑夜

不打开门，想要出入自由

不打开天窗，能不能看到星空
不打开衣柜，换一身新的装扮
不打开气瓶，一头扎入海里
不打开降落伞，照样安全着陆
不打开太空舱，踏上另一颗星球
打开是一种习以为常
不打开才有改变寻常的力量
用不打开的方式打开新世界

文案中一系列关于不打开的联想，违背了我们既定的认知。但“不打开 App 就支付”看似不可能，却行得通。此文案通过放大生活中那些“打不开”的麻烦，强调“打开很麻烦，不打开更好”，让用户记住“不打开”这个关键信息。

“不打开 App 就支付”是一句大白话，它不需要讲解银联手机闪付背后的技术，把可以带给用户的直接体验讲清楚，才是它的最终目的。

课堂讨论

1. 查阅资料，找一些不是传统意义上的“好”文笔，却达到了传播效果的文案。
2. 分析“不打开 App 就支付”这句广告语与竞品拉开差距的方法。

7.2 与受众高度共情的文案

阿里云的海报席卷香港街头：为香港，搏到尽！

2019 年，是阿里云非常关键的一年。它开始全球扩张，香港是第一站。阿里云在香港的竞争对手，是谷歌、亚马逊这样的全球巨头。

其实，早在几年前，阿里云便在香港默默耕耘，帮助香港各界进行数字化转型。但面对强劲的对手，要选择何种传播角度，才能快速获得香港市场的认同呢？

云，是当下数字城市建设的基础设施之一。它看起来高高在上，其实早已融入民生。这种融入不能生搬硬套，应与当地的发展息息相关、同声共气，极度契合当地精神。

那么，什么是香港精神？无论 20 世纪 70 年代狮子山下的你我并肩前行，80 年代香江奇迹的诞生，还是今天香港街头行人的亚洲最快步频，香港骨子里的精神，用一个“搏”字尽可概括，这也是阿里“云”服务香港的初心。

与这一主题相关的海报向大家讲述的是阿里云和香港本土企业并肩前行，是将所有科技成果落在一个个鲜活真实的生活瞬间。

01

初入职场难免不受重视

那就把简单的工作做得足够漂亮

02

世界变化的速度太快

连按密码也是在浪费时间

03

爱她很重要

懂她爱什么也很重要

04

世界这么大

只看一次怎么够

05

人生总会遇到一个对味的人

美食也是如此

06

真正的交情不仅要谈钱

还要一起赚钱

以数据服务城市，让每一个行业变得更好。这种“搏到尽”的精神，不仅仅是香港，还有阿里云。

课堂讨论

收集阿里集团其他优质广告文案，并加以分析。

7.3　修辞文案

欧莱雅：“时间无法改变，但你可以改变自己”。

01

“向上的年纪里，不该有向下的细纹”

天下万物的来和去，都有它的时间
在时间造就的容器里
任何存在都有灵魂
包括时间刻下的细纹
但你的成长，不该写在脸上
02
“做时间动不了的女人”

时间和人类就像两条有生命的平行线，相互追逐
细纹之下，是那些与时间对抗的勇气，倔强又美好
人类在时间的轨迹里前行
在时间刻下的这些细纹里见证蜕变和成长
时间是把雕刻刀
它雕刻的每一道细纹
都见证着每个人的经历和成长
我们无法改变时间
但可以改变自己

欧莱雅的文案使用了“时间是把杀猪刀”的设定，大胆地运用“时间雕刻师”的概念，通过将时间进行拟人化处理，赋予了“时间”一个新角色，它把岁月对人的影响具象成“用刀去雕刻细纹”，用这样的叙事手法来呈现主题，把广告讲成了故事。

品牌作为主角，鼓励女性手握时间雕刻刀，即时刻掌握自己的人生，也希望沉浸在剧情中的观众能更容易记住产品的特点。最后那句“我们无法改变时间，但可以改变自己”，也契合了品牌所要传达的“挑战时光不成纹”的品牌理念。

欧莱雅的这个文案为它的新产品紫熨斗全脸眼霜抢占了C位，而且还占住了“时间”这个符号，使它成为欧莱雅的品牌资产。文案一出，就引发了女性消费者的广泛讨论，当时#欧莱雅朱一龙##欧莱雅紫熨斗#的微博话题阅读量破10亿，讨论量近1000万，全网视频播放量突破2000万，转发量超过300万，取得了巨大的成功。

课堂讨论

欧莱雅的这个新媒体文案采用的是感性诉求、理性诉求，还是情理结合的诉求方式？

7.4　常规热点文案

SK-Ⅱ反催婚广告：为什么她们不回家过年？

2019 年 2 月 18 日，SK-Ⅱ推出了全新影片，它聚焦在外打拼的职场单身女性和她们所要面对的婚姻压力。SK-Ⅱ邀请了三位独立女性分享她们的故事，旨在鼓励女性和父母勇于迈出改变的第一步，与彼此和解。当被问到“为什么不回家过年？”她们坦承：“过年是一种负担、一种压力。”

（1）端宇立：一名企业高管，原以为带男友回家过年能让父母开心，减轻父母对她婚恋状况的担忧，却未曾想到父母完全无法接受自己的男友是个外国人，最终不得不被迫取消了带男友回家过年的行程。她与父母的隔阂也进一步加深。今年她希望获得父母的理解和尊重，修复彼此的关系，达成双方和解。

（2）林妍：凭自身实力，给独立抚养自己的母亲买一套房子是她最大的目标。为了让母亲骄傲，林妍非常专注于自己的事业，并最终成为一名成功的电台 DJ。但母亲只想看到她早日成家，看到她享受婚姻带来的幸福与快乐，因此母亲不断地给她安排各种相亲约会，这让林妍倍感压力，以至于有时不接妈妈的电话，这样的隔阂日渐加深了情感隔阂。

（3）杨洋：在上海努力创造自己想要的生活，但她的父母要求她必须在六个月之内回温州结婚，安定生活。因为她的父母在温州经营了一家生意不错的小商店，因此非常希望女儿能留在自己身边。可杨洋对上海的生活很满意，更想由自己来决定何时结婚。现在她唯一的愿望就是获得父母的理解和支持，让父母为自己的选择感到骄傲。

以上三位主角并不是演员，而是来自现实生活中的普通独立女性，她们分享了自己真实的情感经历。她们都想积极面对催婚带来的压力，勇敢地迈出改变的第一步。而勇敢、独立、自由、坚持正好与 SK-Ⅱ的品牌调性契合。这个文案的内容非常平实，但却深入人心。每一位嘉宾的自白既是自身正在经历的故事，也是每一个在职场打拼的女性经历过或正在经历的难题，这样的文案很容易引发受众的共情，同时也有对“过年”这个热度词的适当关注。

课堂讨论

关于常规“热点”，新媒体文案应该怎样加以利用？查阅资料，举一些例子。

7.5　“正话反说”文案

加多宝说：“对不起。”

加多宝和王老吉对簿公堂之后，虽然输了官司，但在微博平台上，用自嘲的文案，配以幼儿哭泣的图片，在新媒体民意上占了“王老吉”的上风。

对不起，
是我们太笨，
用了 17 年的时间，
才把中国的凉茶做成了唯一可以比肩可口可乐的品牌。
对不起，
是我们太自私，
连续 6 年全国销售领先，
没有帮助竞争队友修建工厂、完善渠道、快速成长。
对不起，
是我们无能，
卖凉茶可以，
打官司不行。
对不起，
是我们出身草根，
彻彻底底是民企的基因。

加多宝用“对不起”这样的文案，重申了自己积极努力、用料扎实、销售领先和草根民企的身份，引发了广大消费者的共情甚至同情。

课堂讨论

简述广告文案策划和广告目标之间的关系。

7.6 “故事型”文案

1. 蒂芙尼

爱，是初遇你时的怦然心动
是十指紧扣的甜蜜
更是平凡岁月里的柔软爱意

在各类书籍排行榜里，故事类小说总是名列前茅。一个很大的原因就是其具有很强的代入感，能充分调动读者的情绪，并在很多年后依旧被人回忆。蒂芙尼使用了一个典型的短故事型文案，也就是用最真挚的情感去触碰心底的柔软。当时的蒂芙尼品牌大使是杜江和霍思燕。这短短三句文案，将两人从初遇到热恋再到婚姻的三种“有爱”的状态展现得淋漓尽致。其中，“怦然心动”“十指紧扣”“柔软爱意”等形容词均对文案的故事起到了很好的勾勒作用。

在充满代入感的场景中，目标受众收获了发自内心的羡慕与感动，在未来选择珠宝、钻戒时不免受其影响。

2.ROSEONLY

有短故事型文案，当然也有长故事型文案，比如高端玫瑰及珠宝品牌 ROSEONLY 的七夕文案。

夏天的约定

不太热的夜晚
夜空中的霓虹灯
一片飘走的云
蟋蟀安静的瞬间
粉红色的玫瑰花
玫瑰上的雨滴
小猫的胡须
小猫经过时的风铃
冰镇西瓜和牛奶
陪我聊天的你
以上是我与这个夏天
最美好的约定

虽然这是个长故事型文案，但用了符合大众阅读习惯的短句。这个文案以日记的形式记录“你我”间的故事，读起来并不会觉得冗长，反而会感觉它是一首夏日小诗，令人意犹未尽。“蟋蟀”“风铃”“冰镇西瓜”，并不昂贵，但却是我们对回不去的夏日里最奢侈的记忆，粉红色的玫瑰能触碰受众心底最柔软的地方。

故事型文案有一个统一的特点，那就是表面上讲的是故事，其实讲的是人，而有人自然就会有情感，品牌自然不再冷冰冰。

课堂讨论

举一个故事型文案的例子，并分析其是如何打动读者的。

7.7 惊喜型文案

惊喜型文案一般读起来朗朗上口、无比流畅，且极具幽默感。这类文案的代表要属优乐美奶茶。

我是你的什么
你是我的优乐美啊
原来我只是奶茶啊
这样，我就可以把你捧在手心里啦

当年这句“土味情话”文案，不仅让消费者一下子记住了主打“呵护、爱情无价”的奶茶品牌——优乐美，还因其极具娱乐性，立即成为年轻人的主流社交语言，影响深远。

7.8 主张价值型文案

唯路时：单身宣言。

01
爱情未到时，单身也很酷
02
喜欢你
放过你
忘记你
03
我站在街角处
不等任何人
04
去过很多地方
却不曾遇到一样的我们

05

不是将就不了这个世界

我是将就不了我自己

06

对不起

我想自己保管

写着“易碎品”的我的心

07

你该怕的不是孤独

而是你努力合群的样子

08

你不曾见过的美丽

都在那些无人问津的岁月里

09

如果连幸福的模样

都要和别人一样

那人生该有多无趣

10

每个姑娘最酷的时候

就是还没有爱上任何人的时候

不同于销售价值类文案，主张价值型文案强调的是信仰。以上这个文案是在七夕节为独立女性发声的品牌——唯路时发布的。它是以价值引导为主要内容的“单身宣言”文案，让人眼前一亮。在七夕各种秀恩爱文案充斥的节日里，此品牌反其道而行之，转而为单身人士发声，既前卫、大胆，又讨了大多数追求独立自我的年轻人的欢心。它和品牌坚持倡导的“Be yourself”的口号相得益彰，彰显了“宁缺毋滥、洒脱淡定”的品牌态度，并顺利攻占了目标消费者的心。

课堂讨论

查阅资料，阐述“反其道而行之”的广告文案对消费者心理的影响路径。

7.9 IP文案

敦煌研究院：“签化”文案。

在如今万物皆可 IP 化的环境下，以故宫为首的民族 IP 成为国民心中的“网红”。然而在这些民族 IP 中，除了大家熟知的故宫，敦煌研究院也是其中的佼佼者。提到敦煌研究院，很多人首先会想到莫高窟的壁画，还有“白雁西风紫塞，皂雕落日黄沙”等专属于敦煌的大气磅礴。

伴随新媒体的兴起，敦煌研究院的微信公众号通过科普、壁纸、周签等内容的输出，让见证了历史的文化遗产与现代文明相结合，让敦煌研究院在众多 IP 中体现出独有的特色。每周不同的主题，搭配暖心的文案，给每一个生活在紧张快节奏下的人一点鼓励与慰藉，同时根据主题搭配的壁画以及壁画的科普内容，也让每一张周签在与人交心的同时凝结了敦煌的厚重。

我们整合了敦煌研究院的 26 签，所有周签的内容都取材于敦煌的壁画、彩塑、文献，以及与敦煌有关的人、事、物。

01

第一签：出发

当你决定出发时

最困难的部分已经完成

02

第二签：从容

你若从容

事便小了

03

第三签：以梦为马

真正以梦为马的前行者

都将理想变成了现实

04

第四签：有余

卡有余额

事有余地

心有余闲

05

第五签：福禧

喜上眉梢的笑意

自带福气

06

第六签：默契

默契

是能听懂 Ta 未说出口的话

07

第七签：光明

凡遇光亮

破暗为明

08

第八签：真实

纵使演技傍身

也要对自己真实

09

第九签：醒

春雷始动

万物萌醒

10

第十签：希望

广种福田

自有希望

11

第十一签：绽放

春光明媚时

行人亦芬芳

12

第十二签：出走

离开舒适圈

见天地，见众生

亦见自己

13

第十三签：春和

有饮水鹿

有踏青人

14

第十四签：赞美

美容秘法

常怀赞叹之心

15

第十五签：喜雨

土膏脉动

雨生百谷

16

第十六签：平安

神仙伴驾

安全到家

17

第十七签：热烈

著鞭跨马

畅快远行

18

第十八签：澄静

深山访幽

静而制动

19

第十九签：感念

当时父母念

今日尔应知

特签：晨曦

生命的晨曦

温暖的延续

20

第二十签：安然

如一始终

风雨不动

21

第二十一签：聚

点滴善意

聚沙成塔

22

第二十二签：想象

纳千年之景

绘寰宇之姿

23

第二十三签：仰望

昔日我登临

今日犹会意

24

第二十四签：开怀

夏至浅酒

卧闲开怀

25

第二十五签：飘逸

诸天奏无量乐器

清风和万千妙音

26

第二十六签：隐

静影沉壁

安而思动

敦煌这一系列文案既能加深大众对敦煌文化的了解，还能让读者得到一些人生感悟，即用中国文字之美，诠释中国文化之美，以美展示美，以美影响人。

课堂讨论

敦煌研究院的系列文案有何作用？

7.10　节日品牌文案集锦

1. 母亲节

01　华润置地

母亲的眼眸

在岁月里酝酿的温婉绵长
02 中铁
你
一定是她
这一生的骄傲
03 禹
有妈妈的地方就是家
妈妈的手最有安全感
04 禹
她以大海一般的深情
默默爱着你
05 华润置地
收到过不少的礼物
最好的那个
是你啊
06 融创
妈妈的爱像璀璨星河
照亮了我们与最好的时代
07 Pacewear
关注每天走过的一万步
又是否会感恩
是她教你迈出了人生的第一步
08 汤臣一品
她对我们的爱倾尽一生
我们对她的感激
又何止在今天
09 恒大
行走世界的铠甲
母爱穿引缝织
身在远方
线依然在她手中

2. 元宵节

中国古代将上元节、中元节、下元节合称三元。上元节便是元宵节，也是春节后第一个重要传统节日。这一天，人们吃元宵、赏花灯、猜灯谜、舞龙、舞狮。“灯树千光照，明月逐人来”，描写的便是元宵节时人们外出赏灯游玩时的盛景。

一些品牌在元宵节玩出了不少新花样：海澜之家整合大量国潮元素，鞠一捧月色入碗中；敦煌博物馆把遇见飞天搬上孔明灯，将古韵与传说藏进手信里；奈雪的茶与东阿阿胶联动，奶茶杯里加阿胶，一杯暖暖过元宵。以下是一些优秀文案。

01 海澜之家

明月照万家，

团圆共此时！

月与灯依旧，

人与人长久。

02 搜狐

千灯万盏，不及你为我点亮的这一盏。

03 安踏

元宵节快乐！安踏热量“有馅”公司向你投送元宵，并附赠“卡路里消耗运动指南”，新的一年多吃不胖，身体棒棒哦！

04 麦当劳

麦麦灯笼挂高高，

年年元宵吃堡堡。

05 999 感冒灵

亮灯咯！

已经不想跟没有玉兔花灯的人说话了。

当下任何节日皆可营销，但想要做好很难，犯错却很容易。在不断变化的营销环境中，消费者的需求也在随之而变，品牌需要真正站在用户的角度去思考和表达，并结合时代的精神，采用契合受众心理和行为的方式进行输出，才可能赢得他们的认同。

课堂讨论

在“母亲节”品牌文案中，这些品牌是如何将品牌营销和“母爱”相结合的？

7.11 联名文案

大润发：“烟火”文案。

大润发的“烟火文学”联名《乡村爱情15》，推出了东北方言文案，文案中不仅有接地气的东北话，还有乡村爱情中的诸位角色，如刘能、赵四、谢广坤、宋晓峰等可爱的动漫形象。这是大润发第一次推出方言文案，但是其影响力不容小觑。

01 白菜
人生就像腌酸菜
头上是压力
脚下是水潭
02 豆浆油条
没有豆浆的油条
就像离了炕头的瓜子
能嗑
但不得劲儿
03 拍黄瓜
再狠的角也禁不起敲
再刺的头也禁不起削
04 黄桃罐头
唠进人心的才是嗑
甜进人心的才叫哥
05 冷冻鱼
年年摸鱼，岁岁躺平
谁的人生目标？啊，原来是我的
06 鱼缸
不样（让）摸
07 烤鸡
脚打后脑勺的时候
我就知道要过年了
08 冰鲜鱼
小伙儿睡凉炕
全靠火力壮
一句话，就是年轻
09 虾
扒我可以
扒瞎（虾）不行

10 手套围巾
离了我斯斯哈哈
靠近我笑面如花
11 蘸酱菜
人生百味
学会自己调味
12 地三鲜
你是人间四月天
我选东北地三鲜

大润发超市的经营理念是新鲜、便宜、舒适、便利，卖场的商品不论从种类、价位还是口味都能最大限度地迎合不同需求的消费者。超市作为一种体验性营销场所，不能仅仅停留在娱乐和物质的层面，要更注重满足消费者的精神需要。以上文案既抓住了过年时热火朝天的生活气息，还牢牢抓住了体验感，从物品的角度出发，结合了东北特有的语言表达，甚至发音特点，与消费者产生了强烈的共鸣。

课堂讨论

查阅资料，举一些其他联名文案的例子。

7.12　后现代主义文案

诚品书店敦南店广告文案如下。

01 读者的群像
海明威阅读海，发现生命是一条要花一辈子才会上钩的鱼。
梵·高阅读麦田，发现艺术躲在太阳的背后乘凉。
弗洛伊德阅读梦，发现一条直达潜意识的秘密通道。
罗丹阅读人体，发现哥伦布没有发现的美丽海岸线。
加缪阅读卡夫卡，发现真理已经被讲完一半。
在书与非书之间，我们欢迎各种可能的读者。
02 关于阅读的另一个概念
不懂卡尔维诺，不懂爱情。

不懂身体气象学，不懂同性恋。
不懂女人，不懂玛格丽特·杜拉斯。
不懂爵士乐，不懂死亡。
不懂世界末占星学，不懂包豪斯。
不懂特吕弗，不懂政治权利和斗争。
所以我们阅读。
03 诚品台大分校创立宣言
人造气候学系，
民众音乐社会学系，
原子咖啡学系，挪威森林学系，
声音记忆学系，城乡互玩学系，
网际网络学系，文化劳工学系，
神话真理学系，事件剧场学系，
经济动物学系，植物保养学系，
唯物辩证学系，工业神权学系，
耳语感染学系，票房生存学系，
时间预言学系，虚拟经验学系，
儿童福利学系，文化家具学系，
放射性情绪学系，颜色心理学系，
野兽派官能学系，欲望学系，
美感殖民学系，食物政治学系，
回忆统计学系，世界末权力学系，
文字能量学系，英雄橱窗学系，
蒙太奇运动学系，
文化裁缝学系，身体气象学系。

对于受众而言，即使好奇心爆棚，去各大搜索引擎查一遍也并不能查出来“身体气象学”是什么，但这却为读者开启了无限想象之门。台湾大学确实没有专门开设这些学系，“原子咖啡学”“放射性情绪学”这些在现实生活中完全没有任何交集的东西却在这个文案中以一种不可思议的方式集中起来，从而让一家书店魅力四射，充满包容性。读这种文案就像在读诗或者文言文，不能写上注释，也不能翻译成白话文，否则就没有意思了，但是如果你细品，就很好玩！所谓天机不可泄露，来“诚品”的人会懂得，这个文案类似一种“暗号”，让所有渴望知识的人都会心一笑。这样一家开在高等学府附近的书店，为学子开拓更多的研究思路，也为其他读者打开了阅读大门。

课堂讨论

分析后现代广告文案的语言特色。

7.13　辅以声光电的综合文案

2023年美团贺岁片文案

“美好生活小帮手”，美团一直在用实际行动落实这个理念。从美食、外卖、买菜、买药，到跑腿……现在的美团，已经实现了生活需求的全覆盖，从品牌到生活文化，美团的每一步，都在诉说着、践行着美好生活，也确实成为越来越多人的生活小帮手。2023年，美团推出了贺岁片，它在广告文案上强调了品牌形象，使“小帮手”这个概念更加深入人心。

我们的这一年，值得一个大团圆

团圆是众望所归，买张票回家也变成了一件简单的事，但是，当那些在外漂泊很久的年轻人回到老家，大抵都会发现，和家人和谐相处并不容易，那个曾经的代际冲突，还是横亘在年轻人和老一辈之间。

长辈会絮絮叨叨地催婚催生，不熟的亲戚聊不了几句就狂踩“雷区”，许久不联系的朋友话不投机半句多，过年的习俗还是那么普通单调……春节长假难得，不想被荒废，也不想让团圆变了味。在这样的背景下，美团作为新过年方式的“提案者”，给出了许多过年的新方式、新选择。

美团提出了“我们的这一年，值得一个大团圆”“祝你团圆，也助你团圆”的品牌主张，邀请倪大红担任美好团圆大使，讲述岳父和女婿之间的故事。

一个大家庭的戏剧化团圆年，笑着笑着想哭了。

故事从倪大红饰演的父亲“失忆”引发的“过年循环”讲起。初二，父亲突然“忘记”初一过完了，家人试遍所有方法之后，不得已只能陪父亲再过一次年。但，这不是结束，初三、初四、初五……一连几天，父亲连续“失忆”，家人尝试各种方法都没用，只能打开美团，用不同的方式陪他过年，下馆子，玩密室逃脱，去按摩，去理发……一家人其乐融融，倒也一连欢聚了好几天。假期将末，女婿无意中发现了岳父的“秘密”，原来他并非“失忆”。老人只是想和孩子们好好过年，希望孩子们能放下手机，多点耐心，好好聊天相处。

倪大红饰演的父亲是情感传递的关键，为片子增加了很多笑点，故事行至结尾，父亲的秘密被揭晓之后，儿女们却开始“装起了傻”，张罗着“再过一次年”。父亲装傻来“骗取”孩子们的陪伴，孩子们包容着父亲的“装傻”，这也正是一家人相互理解的生动体现。

贺岁片中还穿插了孩子鑫仔和哲华在办公室的吐槽，双线叙事形式新颖，也带领着观众走进剧情，跟着主角心情起伏，直到揭开故事谜底。视频末尾剪辑了真实的过年场景，烘托了春节的氛围，使不同地域的家庭一样的团圆氛围以及家人的亲密和温暖隔着屏幕就能被感受到。整体来说，片子中的主角过了七次年，每天都有新玩法，美团作为剧中的关键“道具”，不仅没有破坏叙事结构，还帮助剧情自然发展。一家人虽然每天都在过初一，但获得的是完全不同的新奇体验。正是品牌的多业务支持才让花样过大年成为可能。美团在年货筹备、春运回家、家人团聚、朋友玩乐等方面的业务布局，为用户带来了便捷、节约、贴心、温暖的生活服务。

美团这一次的身份，就是一个新时代的代际关系中和者，它提出了很多富有灵感、新意，且具有包容性的过年方式，让不同代际的家人都可以享受其中，增进彼此的交流，从而更加顺利地处理自己和时间、家人、朋友的关系。

“祝你团圆，也助你团圆”表明美团是温暖的，也是自信的。这个贺岁大片，其实传递的是美团在品牌建设和业务发展上的心思，一方面传递出对用户的真诚祝福，拉近了与用户的距离，另一方面展现了自身服务对用户的有效助力，促进了业务的推广。当美团所倡导的不同生活方式切实融入真实生活中，美团这个品牌也就能被更多用户接纳和依赖。

多物料、多渠道传播

为了促进贺岁片的传播和曝光，美团还铺陈了许多趣味物料和传播动作，为整体传播赋能。比如在预热期，美团用预热视频来制造悬念，为过年的女婿们提供了“真心好礼”建议。还有春节味儿拉满的明星海报，喜庆生动，有流动感，人物性格呼之欲出。

回观这个贺岁大片，美团也是有所突破的。美团顺应时代背景，为美好的家庭生活方式提案，从邻里，到家庭，美好生活的单位在缩小，但不变的，是美团对生活的持续助力。

课堂讨论

分析生活中的广告是怎样影响消费者，从而达到广告主的目的的。

7.14　美文：民生银行之消费美学

01

－星空与小鱼干－

每一个小鱼干，都是仰望星空的望远镜。

我们每天都在花钱，但花钱后可能伴随着沮丧的心情。账单、还款、余额……这些字眼每天都在刺激着我们的神经，它们似乎时刻提醒我们正在面对的是捉襟见肘的生活，但是民生信用卡通过一系列“民生消费美学”的文案，让花钱这不得不做的事，真正成为令人开心的日常小确幸。

作为民生消费美学的首个系列，民生信用卡用梵·高及其经典画作的故事营造了一个充满渴望的生活意境，这散文诗一般的长文案，奠定了“民生消费美学”系列的文艺基调。

02

– 向日葵与面包机 –

把吐司烤得酥脆金黄，和画向日葵一样，都有满满的幸福感。

03

－鸢尾花与鸢尾花－

《鸢尾花》在卡里，鸢尾花在床头。

04

－杏花与摇篮床－

梵高和小梵高，一个爱着春天，一个爱着像春天的床。

05

– 麦田与无人机 –

能飞过整片《田野》的，除了梵高，还有高科技。

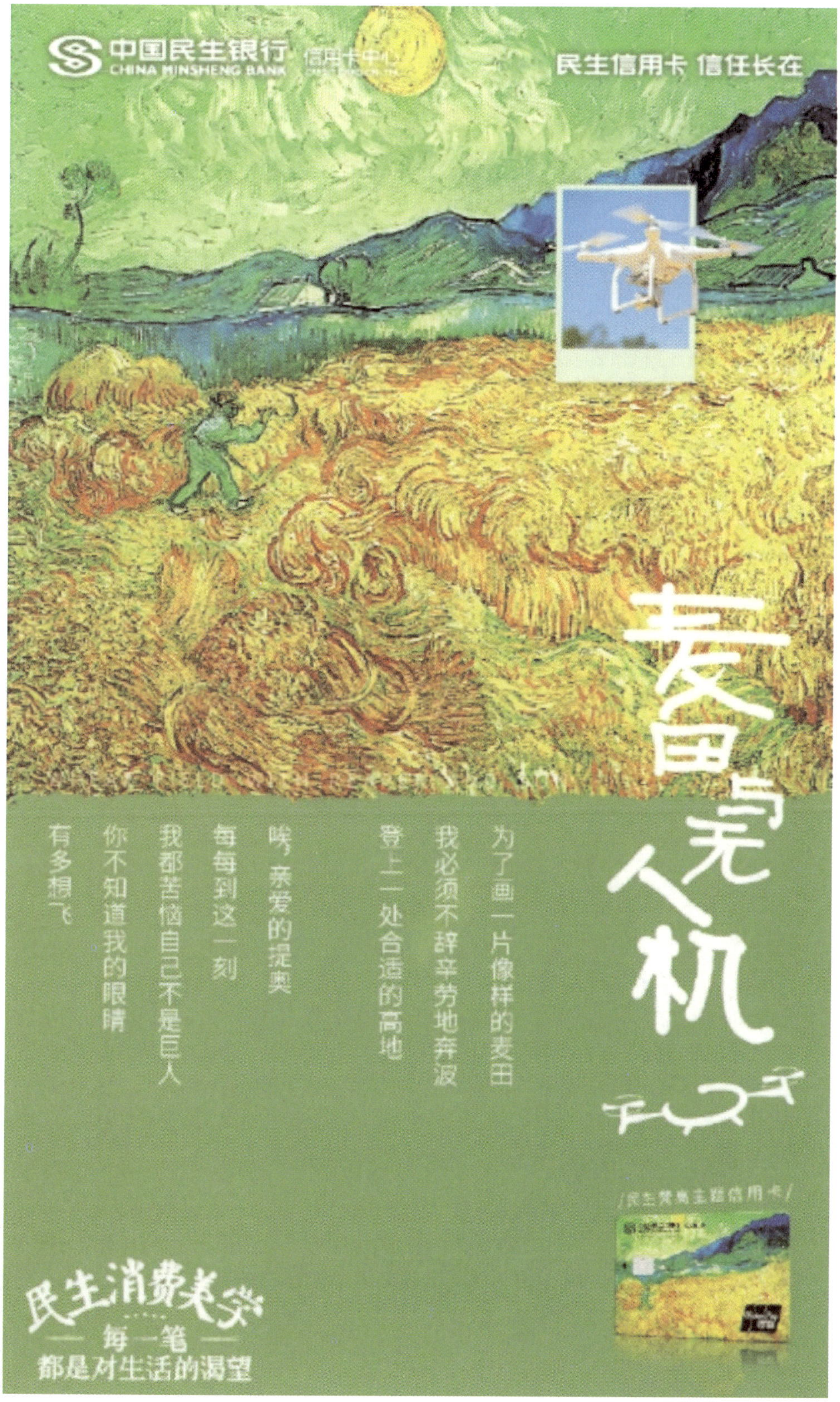

7.15 时令文案集锦

1. 立秋

01 洽洽

些许微凉

一叶知秋

一朝梦醒洽天凉

两小无知爬上秋

02 世纪佳缘

漫长夏日的等待过后

是时候勇敢地开始收获爱情的甜蜜

03 知乎

上班路上

被一张落叶告知

秋天来了

04 江小白

秋意降下温度

酒中感情仍炙热如初

05 米其林

一夜梧桐一报秋

稻花田里话丰收

在五谷丰登的立秋时节

米其林始终伴你前行

共享丰收的喜悦

暑去凉来

每个丰收时刻

米其林始终伴你前行

06 麦当劳

暑去凉来是立秋

想“贴秋膘”还无负担

同意选择 0 油“板烧鸡腿堡”的

请举手

07 三星

今日立秋

那么多好风景开始“丰收”

等你收入镜头

挑花眼之余

别忘了带上 Galaxy 呐

08 小米手机

今天立秋

暑去凉来

用小米 8 AI 智能相机拍秋景更美

09 VIVO

散热这种事

不靠黄历

靠“零感”

10 百草味

一叶知秋意

片片藏甜蜜

11 饿了么

古人说

如果你立秋的体重比立夏的时候轻

说明你过的是“苦夏”

一定要在这时候贴秋膘

立秋贴秋膘

马上长高高

12 德邦快递

遇见的每一片叶子都告诉我

送完这趟就能回家贴秋膘

课堂讨论

请你以“立春”为题，为内蒙古商贸职业学院写一则文案。

本/章/实/训

拟定品牌在春节期间的广告实施方案，并仿照“诚品”书店的文案语言特色，撰写一篇广告文案，品牌自定。